OS 5 DESAFIOS DAS EQUIPES

OS 5 DESAFIOS DAS EQUIPES

UMA HISTÓRIA SOBRE LIDERANÇA

PATRICK LENCIONI

SEXTANTE

Título original: *The Five Dysfunctions of a Team*

Copyright © 2002 por Patrick Lencioni
Copyright da tradução © 2015 por GMT Editores Ltda.

Publicado mediante acordo com a editora original John Wiley & Sons, Inc.
Todos os direitos reservados. Nenhuma parte deste livro pode ser utilizada ou reproduzida sob quaisquer meios existentes sem autorização por escrito dos editores.

tradução
Simone Lemberg Reisner

preparo de originais
Juliana Souza

revisão
Clarissa Peixoto e Tereza da Rocha

projeto gráfico e diagramação
DTPhoenix Editorial

capa
Victor Burton

imagem de capa
Istock

impressão e acabamento
Lis Gráfica e Editora Ltda.

CIP-BRASIL. CATALOGAÇÃO NA PUBLICAÇÃO
SINDICATO NACIONAL DOS EDITORES DE LIVROS, RJ

L582c   Lencioni, Patrick
        Os 5 desafios das equipes / Patrick Lencioni; tradução de Simone Lemberg Reisner. Rio de Janeiro: Sextante, 2015.
        224 p.; il.; 14 x 21 cm.

        Tradução de: The five dysfunctions of a team
        ISBN 978-85-431-0294-8

        1. Trabalho em equipe. 2. Administração de empresas. 3. Sucesso nos negócios. I. Reisner, Simone Lemberg. II. Título.

                                                        CDD: 658.11
15-26276   CDU: 658.016.1

Todos os direitos reservados, no Brasil, por
GMT Editores Ltda.
Rua Voluntários da Pátria, 45 – 14.º andar – Botafogo
22270-000 – Rio de Janeiro – RJ
Tel.: (21) 2538-4100
E-mail: atendimento@sextante.com.br
www.sextante.com.br

Sumário

Introdução	7
A FÁBULA	11
Sorte	13
PARTE UM: Abaixo das expectativas	15
PARTE DOIS: Jogando lenha na fogueira	31
PARTE TRÊS: Levantando pesos	107
PARTE QUATRO: Tração	157
O MODELO	169
Uma visão geral do modelo	172
Avaliação da equipe	175
Compreendendo e vencendo as cinco disfunções	179
Uma observação sobre frequência: os métodos de Kathryn	201
Um tributo especial ao trabalho em equipe	203
Agradecimentos	205
Sobre o autor	207
Trecho de *A vantagem decisiva*	209

*Ao meu pai, por me ensinar o valor do trabalho.
E à minha mãe, por me incentivar a escrever.*

Introdução

Não são as finanças. Não é a estratégia. Não é a tecnologia. O que continua resultando em maior vantagem competitiva é o trabalho em equipe.

Um amigo meu, fundador de uma empresa que cresceu e atingiu uma receita anual de 1 bilhão de dólares, foi quem melhor expressou o poder do trabalho em equipe: "Se você conseguir colocar todos os funcionários de uma empresa remando na mesma direção, poderá dominar qualquer indústria, em qualquer mercado, contra quaisquer competidores, em qualquer época."

Toda vez que repito isso para um grupo de líderes, eles logo balançam a cabeça em concordância, mas de maneira um tanto desesperada. Parecem concordar com essa afirmação e, ao mesmo tempo, se render à ideia de que é impossível conseguir um grupo de funcionários unidos em prol do trabalho.

O trabalho em equipe sempre foi ilusório em muitas organizações, apesar de toda a atenção que recebe de acadêmicos, coaches, professores e da mídia. O fato é que, já que são compostas de seres humanos imperfeitos, as equipes são inerentemente disfuncionais.

Mas isso não quer dizer que o trabalho em equipe esteja fadado ao fracasso. Na verdade, criar um grupo forte de profissionais é possível e simples, mas é também dolorosamente árduo. Como muitos outros aspectos da vida, esse processo pode ser resumido em dominar um conjunto de comportamentos que são descomplicados na teoria, mas extremamente complicados de colocar em prática no dia a dia. O sucesso só vem para os grupos que vencem as tendências humanas que corrompem as equipes e fazem com que políticas ineficientes sejam criadas dentro delas.

Há poucos anos, escrevi meu primeiro livro, *As cinco tentações de um executivo*, sobre as armadilhas comportamentais que atormentam os líderes. Durante o trabalho com meus clientes, percebi que alguns deles estavam aplicando as minhas teorias na tentativa de aprimorar o desempenho das equipes sob sua gestão.

Assim, ficou claro para mim que aquelas cinco tentações se aplicam não apenas a líderes, mas também, com algumas diferenças, a grupos. E não somente em empresas. Clérigos, treinadores, professores e outros profissionais descobriram que esses princípios se aplicam a seu âmbito de atuação tanto quanto ao salão nobre de uma empresa multinacional. E foi assim que este livro surgiu.

Como em minhas outras obras, *Os 5 desafios das equipes* começa com uma fábula sobre uma organização realista porém fictícia. Descobri que isso permite que os leitores aprendam melhor, pois se envolvem com o relato e se identificam com os personagens. Essa tática também os ajuda a entender como esses princípios podem ser aplicados em um ambiente real, onde o ritmo de trabalho e o volume de distrações diárias fazem com que a tarefa mais simples pareça árdua.

Para ajudá-lo a aplicar as dicas em sua empresa, após a fábula há uma seção com as cinco disfunções descritas de forma detalhada. Incluí também um questionário para avaliação da sua equipe e sugestões de ferramentas para vencer os problemas de desempenho.

Finalmente, embora este livro seja baseado em meu trabalho com CEOs e suas equipes de executivos, as teorias apresentadas aqui podem ser aplicadas por qualquer um que se interesse pelo trabalho em equipe, seja o líder de um pequeno departamento dentro de uma empresa ou membro de um grupo que precisa melhorar o desempenho. Qualquer que seja o caso, espero, sinceramente, que este material ajude a sua equipe a vencer seus desafios, de modo a alcançar mais do que um indivíduo conseguiria sozinho.

A FÁBULA

Sorte

Somente um indivíduo achava que Kathryn era a pessoa certa para se tornar CEO da DecisionTech. A sorte dela é que essa pessoa era o presidente do conselho.

E assim, menos de um mês depois da demissão do ex-CEO, Kathryn Petersen assumiu as rédeas da organização que, apenas dois anos antes, fora uma das startups mais conhecidas, promissoras e bem financiadas da história recente do Vale do Silício. Ela não imaginava quanto a empresa havia caído no conceito de todos em tão pouco tempo e o que os próximos meses lhe reservavam.

PARTE UM

ABAIXO DAS EXPECTATIVAS

Pano de fundo

A sede da DecisionTech era em Half Moon Bay, uma enevoada cidade agrícola costeira separada da região da baía de São Francisco por uma cadeia de montanhas. Oficialmente, a DecisionTech não fazia parte do Vale do Silício, mas certamente se encaixava no perfil cultural do lugar.

A empresa possuía a equipe de executivos mais experientes – e caros – que se poderia imaginar, um plano de negócios aparentemente irretocável e os investidores mais ricos que qualquer startup poderia almejar. Até as mais cautelosas firmas de capital de risco aguardavam a vez para investir nela, e engenheiros talentosos já apresentavam seus currículos antes mesmo de a DecisionTech ter alugado o escritório.

Mas isso fora quase dois anos antes, o que é uma eternidade para uma startup de tecnologia. Após seus primeiros eufóricos meses de existência, a empresa se viu diante de uma série de decepções: prazos importantes passaram a não ser cumpridos, alguns dos funcionários mais competentes abaixo do nível executivo pediram demissão e o ânimo foi se deteriorando aos poucos. Tudo isso apesar das consideráveis vantagens que a DecisionTech havia acumulado.

No aniversário de dois anos de fundação da empresa, o conselho concordou, de forma unânime, em "pedir" a Jeff Shanley, de 37 anos, CEO e cofundador, que deixasse o cargo; ofereceram a ele o posto de gerente de desenvolvimento de negócios. Para a surpresa de todos, ele aceitou a oferta, pois não queria se distanciar de uma distribuição de lucros potencialmente alta caso a empresa passasse a vender suas ações na bolsa de valores. Mesmo no ambiente economicamente difícil do Vale, ela tinha todas as oportunidades para isso.

Nenhum dos 150 funcionários da DecisionTech ficou surpreso com a saída de Jeff. Embora parecessem gostar dele, não podiam negar que, sob a sua liderança, o ambiente de trabalho vinha se tornando cada vez mais problemático. Os executivos passavam a perna uns nos outros como se fosse uma coisa comum. Não havia senso de união nem parceria na equipe, o que se traduzia em um nível extremamente baixo de comprometimento. Tudo levava muito tempo para ser feito, e quando algo era concluído, parecia errado.

Alguns conselhos de administração talvez tivessem sido mais pacientes com uma equipe de executivos cheia de problemas. O da DecisionTech não foi. Havia muito em risco para que assistisse passivamente à destruição da empresa. A DecisionTech já tinha construído uma reputação no Vale por ser um dos locais mais desagradáveis para se trabalhar e mais cheio de politicagens, e o conselho não toleraria esse tipo de fama, principalmente quando, dois anos antes, o futuro parecera tão promissor.

Alguém teria que organizar essa bagunça, e Jeff não era o homem ideal para isso. Todos pareceram aliviados quando a decisão de removê-lo do cargo foi anunciada.

Até três semanas depois, quando Kathryn foi contratada.

KATHRYN

Os executivos não conseguiam chegar à conclusão de qual era a característica mais problemática de Kathryn, pois eram muitas. Primeiramente, ela não era jovem, pelo menos para os padrões do Vale do Silício. Kathryn tinha 57 anos. Mais importante ainda, sua única experiência com alta tecnologia fora como membro do conselho da Trinity Systems, uma grande empresa de tecnologia em São Francisco. Ela passou a maior parte da carreira em cargos operacionais em organizações de baixa tecnologia, sendo que a mais famosa delas era uma fabricante de automóveis.

Pior do que a idade ou a experiência, porém, era o fato de que Kathryn não se encaixava na cultura da DecisionTech.

Ela começou sua carreira como militar; depois casou-se com um professor e técnico de basquete de uma escola de ensino médio local. Quando os três filhos já estavam crescidos, Kathryn deu aulas no oitavo ano por algum tempo, até descobrir sua afinidade com o mundo dos negócios.

Aos 37 anos, ela se inscreveu em um curso noturno de administração de empresas, com duração de 36 meses, mas que ela completou em 30, na Universidade do Estado da Califórnia, que não era nenhuma Harvard ou Stanford. Nos 15 anos seguintes, trabalhou na indústria manufatureira até se aposentar, aos 54 anos.

O fato de Kathryn ser mulher nunca foi problema para a equipe de executivos. Mas, ainda que fosse, isso teria sido abafado por sua gritante incompatibilidade cultural com a DecisionTech.

Ninguém podia negar que Kathryn era uma executiva das antigas, acostumada com os ambientes das fábricas. Isso contrastava muito com a forma de trabalho de executivos e gerentes da DecisionTech, a maioria dos quais não tinha experiência fora do Vale do Silício.

Assim sendo, não foi nenhuma surpresa que, depois da leitura do currículo de Kathryn, os membros do conselho questionassem a sanidade do presidente quando sugeriu a contratação dela. Mas ele acabou convencendo a todos.

Em primeiro lugar, o conselho confiou no presidente quando ele lhes garantiu que Kathryn seria um sucesso. Em segundo, ele era conhecido por ter bons instintos sobre as pessoas, apesar do problema com Jeff. Os membros da equipe ponderaram que ele não cometeria dois erros seguidos.

Além do mais, a DecisionTech estava em uma situação desesperadora. O presidente insistiu em que não havia muitos executivos de grande capacidade dispostos a aceitar um emprego tão complicado, em uma empresa tão problemática. "Devemos nos considerar sortudos por uma líder tão competente estar disponível", ele argumentou.

O presidente do conselho estava determinado a contratar alguém que ele conhecesse e em quem pudesse confiar. Quando ligou para Kathryn e lhe falou sobre o cargo, não tinha a mínima ideia de que se arrependeria da decisão poucas semanas depois.

ANÁLISE RACIONAL

Ninguém ficou mais surpreso com a oferta do que a própria Kathryn. Embora fosse amiga pessoal do presidente havia muitos anos, ela não imaginava que ele tivesse uma opinião tão boa a respeito dela como executiva. A maior parte das vezes eles se viam em contexto social, em eventos envolvendo família, escola ou esportes. Kathryn concluiu que o presidente não tinha muita ideia de como ela desempenhava outras funções que não as de mãe e de esposa do técnico.

Na verdade, o presidente havia acompanhado com interesse a carreira de Kathryn durante aqueles anos, impressionado pelo fato de que ela havia sido muito bem-sucedida, apesar de ter um currículo relativamente modesto. Em menos de cinco anos, havia se tornado CEO da única montadora de automóveis daquela região, uma empresa de capital norte-americano e japonês. Ela desempenhou esse papel por quase uma década e fez da fábrica uma das sociedades cooperativas mais proeminentes do país. E, embora o presidente não tivesse muitos conhecimentos sobre a indústria automotiva, ele sabia de uma coisa a respeito de Kathryn que o convenceu de que era perfeita para resolver os problemas da DecisionTech: ela possuía uma incrível habilidade de formar equipes.

QUEIXAS

Se os executivos da DecisionTech tinham alguma dúvida a respeito de Kathryn quando sua contratação foi anunciada, eles ficaram ainda mais preocupados após as duas primeiras semanas de trabalho da nova líder.

Não que Kathryn tivesse feito algo errado, ou que gerasse controvérsias; ela simplesmente não fizera quase nada.

Além da breve apresentação no primeiro dia e dos encontros subsequentes com cada um de seus subordinados diretos, Kathryn passou a maior parte do tempo andando pelos corredores, conversando com os funcionários e participando, em silêncio, do máximo de reuniões possível. E o mais controverso de tudo talvez tenha sido o fato de ela ter chamado Jeff Shanley para continuar liderando as reuniões semanais das equipes, enquanto ela somente ouvia e tomava notas.

A única ação real de Kathryn durante aquelas primeiras semanas foi anunciar uma série de retiros de dois dias para executivos em Napa Valley, que aconteceriam nos meses seguintes. Nenhum dos subordinados a ela acreditou que a CEO tiraria os líderes do escritório por tantos dias quando havia tanta coisa a ser feita na empresa.

E, para piorar a situação, quando alguém sugeriu um tópico específico para discussão no primeiro retiro, Kathryn o recusou. Ela já havia montado o cronograma.

Até o presidente ficou surpreso e um pouco irritado com os relatórios sobre o desempenho inicial de Kathryn. Ele chegou à conclusão de que, se não desse certo, talvez devesse sair da empresa junto com ela. E esse estava começando a parecer o desfecho mais provável.

OBSERVAÇÕES

Após as duas primeiras semanas observando os problemas da DecisionTech, Kathryn se perguntou algumas vezes se devia mesmo ter aceitado aquele emprego. Mas ela sabia que as chances de não tê-lo feito eram muito pequenas. A aposentadoria a deixara ociosa, e nada poderia animá-la mais do que um desafio. Embora não tivesse dúvida alguma de que a DecisionTech seria um desafio, sentia que havia algo diferente naquela empresa.

Apesar de nunca ter tido medo de fracassar, Kathryn não podia negar que a possibilidade de desapontar o presidente a assustava um pouco. Manchar a reputação naquela altura da vida profissional e junto aos amigos e familiares era uma preocupação grande o suficiente para deixar insegura até mesmo a mais confiante das pessoas.

Depois de sobreviver a um período no Exército, educar os filhos, assistir a incontáveis partidas de basquete decididas no último segundo e enfrentar presidentes de sindicatos, ela estava decidida a não se deixar intimidar por um grupo de jovens inofensivos, cuja maior dificuldade enfrentada na vida até o momento fora lutar contra os primeiros sinais de calvície ou uma barriga protuberante. Ela acreditava que, desde que lhe dessem tempo e liberdade de ação suficientes, seria capaz de fazer a DecisionTech dar a volta por cima.

E a falta de uma experiência mais sólida com softwares não a preocupava. Na verdade, Kathryn tinha certeza de que isso lhe traria certa vantagem.

Kathryn sabia que Jack Welch não precisou ser especialista em torradeiras para levar a General Electric a ser bem-sucedida e que Herb Kelleher não teve de passar a vida inteira voando de avião para criar a Southwest Airlines.

Entretanto, o que ela não sabia quando aceitou o emprego era quão disfuncional sua equipe de executivos era e como eles a desafiariam de maneiras que ela jamais vivenciara.

O PESSOAL

Os funcionários se referiam ao grupo de executivos da DecisionTech como O Pessoal. Ninguém os considerava uma equipe, e Kathryn imaginou que houvesse uma razão para isso.

Apesar da inegável inteligência e do currículo de cada um deles, o comportamento do Pessoal durante as reuniões era pior do que qualquer coisa que ela já tivesse presenciado no mundo automotivo. Ainda que não existisse hostilidade explícita e que ninguém demonstrasse discordância, havia uma tensão quase palpável no ambiente. Como resultado, decisões nunca eram tomadas; discussões eram morosas e desinteressantes, com poucas trocas de ideias; e todos pareciam desesperados para que a reunião acabasse.

Embora formassem uma péssima equipe, quase todos demonstravam, porém, ter boas intenções e se mostravam bastante racionais quando analisados individualmente.

JEFF – EX-CEO, DESENVOLVIMENTO DE NEGÓCIOS
Jeff Shanley, um generalista que adorava fazer networking no Vale, havia levantado uma quantidade considerável do capital inicial da empresa e atraído muitos dos atuais executivos. Ninguém podia negar que ele era bom em acumular capital de risco e em fazer recrutamento. Mas a coisa mudava de figura quando se tratava de gerenciamento.

Jeff fazia reuniões de equipe como se fosse o presidente de um grêmio estudantil seguindo os protocolos ensinados em um livro.

Ele sempre publicava a programação antes de cada encontro e distribuía minutas detalhadas logo depois. Ao contrário do que acontecia em outras empresas de alta tecnologia, suas reuniões começavam a acabavam pontualmente. Ele não se incomodava com o fato de parecer que nada tinha sido feito.

Apesar de ter sido afastado do cargo que ocupava, Jeff manteve sua cadeira no conselho de administração. No início, Kathryn suspeitava de que ele pudesse ter ressentimento dela por ter ficado com seu emprego, mas logo chegou à conclusão de que ele estava aliviado por ter se livrado de suas responsabilidades gerenciais. Kathryn se preocupava pouco com a presença dele no conselho ou na equipe de gerenciamento. Achava que ele era um bom sujeito.

MIKEY – MARKETING

O departamento de marketing era muito importante para a DecisionTech, e o conselho estava satisfeito por vê-lo chefiado por alguém tão renomado quanto Michele Bebe. Mikey, como ela gostava de ser chamada, era conhecida por todo o Vale como uma genial construtora de marcas. Isso tornava ainda mais surpreendente o fato de ela não seguir muitas regras primárias de bom convívio.

Durante as reuniões, ela falava mais do que os outros. De vez em quando tinha alguma ideia brilhante, mas, em geral, ficava reclamando sobre como as outras empresas para as quais havia trabalhado faziam tudo muito melhor do que a DecisionTech. Era quase como se Mikey fosse uma espectadora ou, melhor ainda, uma vítima das circunstâncias na nova empresa. Embora nunca discutisse diretamente com nenhum dos colegas, ela sempre revirava os olhos, mostrando impaciência, quando um deles discordava de qualquer coisa que ela tivesse a dizer sobre marketing. Kathryn percebeu que Mikey não fazia ideia da imagem que passava para os outros, pois ninguém agiria daquela maneira de propósito.

Portanto, apesar de seu talento e de suas conquistas, Kathryn não se surpreendeu com o fato de Mikey ser a menos popular do grupo.

MARTIN – DIRETOR TÉCNICO

Um dos fundadores da empresa, Martin Gilmore era, entre os funcionários, o que mais se aproximava de um criador. Ele havia desenhado as especificações para o principal produto da DecisionTech, e, embora outras pessoas tivessem desenvolvido a maior parte desse produto, os executivos costumavam dizer que Martin era o principal responsável por ele.

Martin achava que conhecia tecnologia tão bem quanto qualquer outro no Vale, o que provavelmente era verdade. Como fez especializações em Berkeley e Cambridge e teve uma carreira de sucesso em duas outras empresas de tecnologia, ele era visto como uma das principais vantagens competitivas da DecisionTech, pelo menos quando se tratava de capital humano.

Diferentemente de Mikey, Martin não interrompia as reuniões de equipe. Na verdade, participava pouco. Não deixava de comparecer, mas sempre deixava seu laptop aberto e com frequência parecia estar verificando e-mails ou fazendo outra coisa que também o distraía. Martin só tecia um ou outro comentário, e, em geral, com sarcasmo, quando alguém dizia algo incorreto.

No início, os colegas consideravam a atitude de Martin tolerável, talvez até divertida, pois reverenciavam o seu intelecto. Mas, com o passar do tempo, começaram a se cansar. E com as recentes batalhas enfrentadas pela empresa, a postura de Martin vinha se tornando uma fonte cada vez maior de frustração para muitos deles.

JR – VENDAS

Para evitar confundi-lo com Jeff Shanley, todos chamavam o diretor de vendas de JR. Seu nome era Jeff Rawlins, mas ele gostava do novo apelido. JR era um vendedor experiente e um pouco mais velho do que os outros – tinha 40 e poucos anos. Estava quase sempre bronzeado, jamais era rude e fazia tudo que a equipe lhe pedia.

Infelizmente, JR quase nunca levava algo adiante. Quando reconhecia que havia assumido um compromisso que não fora cumprido, ele pedia mil desculpas à pessoa a quem decepcionara.

Apesar do que a equipe chamava de "falta de confiança" em JR, ele continuava sendo respeitado pelos colegas graças ao seu currículo. Antes de trabalhar na DecisionTech, em toda a sua carreira de vendedor ele jamais deixara de bater as metas trimestrais.

CARLOS – SERVIÇO DE APOIO AO CLIENTE

Embora a DecisionTech tivesse poucos clientes, o conselho acreditava que era extremamente necessário investir cedo em um serviço ao consumidor, para se prepararem para o crescimento da empresa. Carlos Amador havia trabalhado com Mikey em duas empresas, e ela o indicara à DecisionTech – o que era uma ironia, pois os dois não poderiam ser mais diferentes.

Carlos falava bem pouco, mas, quando o fazia, sempre tinha algo importante e construtivo a acrescentar. Ele se mantinha atento durante todas as reuniões, trabalhava até tarde sem reclamar e era modesto em relação às suas conquistas anteriores. Carlos era de fato um funcionário confiável, e era fácil e agradável trabalhar com ele.

Kathryn estava aliviada por não ter que se preocupar com pelo menos um de seus subordinados diretos, embora se incomodasse com o fato de que as funções específicas de Carlos não estivessem totalmente definidas. Como ele assumia, por vontade própria, a responsabilidade pela qualidade do produto e por quaisquer outras tarefas menos interessantes, Kathryn podia se concentrar em outros pontos mais preocupantes.

JAN – DIRETORA FINANCEIRA

A diretoria financeira era um cargo crucial na DecisionTech e continuaria sendo enquanto a empresa pretendesse lançar ações na bolsa de valores. Jan Mersino sabia onde estava se metendo quando se juntou à empresa, e desempenhou um papel importante apoiando Jeff quando ele levantou expressivas quantias de dinheiro junto aos investidores de risco.

Jan era muito detalhista, tinha orgulho de seu conhecimento sobre aquela indústria e cuidava do dinheiro da empresa como se fosse dela. O conselho só deu a Jeff e seus colaboradores liberdade em relação a gastos porque sabia que Jan não permitiria que as coisas saíssem do controle.

NICK – DIRETOR DE OPERAÇÕES

Nick era o executivo que mais se destacava. Tinha sido diretor de operações de uma grande empresa no Meio-Oeste que fabricava computadores, e havia se mudado com a família para a Califórnia a fim de trabalhar na DecisionTech. Infelizmente para ele, seu papel era o menos definido de todos da equipe.

Oficialmente, Nick era o diretor de operações da empresa, mas conseguiu esse título apenas porque o exigiu como condição para aceitar o emprego. Jeff e o conselho concordaram porque acreditavam que o salário maior estimularia um alto nível de desempenho. Além disso, eles estavam viciados em contratar executivos de renome, e perder Nick teria prejudicado sua percentagem de vitórias.

De todos os membros da equipe executiva, Nick foi o que sofreu o maior impacto pelo início caótico da empresa. Devido às limitações de Jeff como gerente, Nick havia sido contratado para liderar o crescimento da DecisionTech, função que incluía a criação de infraestrutura operacional e a abertura de novos escritórios por todo o mundo, além de liderar os esforços de aquisição e integração. A maioria de suas responsabilidades estava, no momento, em suspenso, e Nick tinha poucas atividades significativas para executar no dia a dia.

Por mais frustrado que estivesse, Nick não reclamava abertamente. Pelo contrário, trabalhava com afinco para criar relacionamentos, embora alguns deles fossem superficiais, como os estabelecidos com os colegas que considerava inferiores. E, embora nunca tivesse dito nada, Nick achava que era o único executivo da empresa qualificado para ser o CEO. Mas essa opinião logo ficaria evidente.

Parte dois

Jogando Lenha na Fogueira

Primeiro teste

Parecia apenas mais uma das muitas mensagens padrão que Kathryn passara a receber regularmente, agora que já estava naquele emprego havia algum tempo. A linha de assunto do e-mail, "Oportunidade para consumidores na próxima semana", parecia despretensiosa, até positiva, principalmente considerando-se que viera de seu sempre amargo diretor técnico, Martin. E a mensagem em si era curta. Em geral as mais nocivas são assim.

O fato de não estar endereçada a ninguém em particular, mas ter sido enviada a todos os membros do executivo, só fez seu poder incendiário aumentar:

> Acabei de receber um telefonema da ASA Manufacturing. Eles estão interessados em rever nosso produto para uma possível compra no próximo trimestre. JR e eu vamos nos encontrar com eles na próxima semana. Pode ser uma grande oportunidade. Voltaremos na terça-feira.

Martin não mencionou o conflito de datas com o retiro executivo que já estava programado, o que só piorou a situação para Kathryn. Ele não havia pedido permissão para faltar um dia e meio, ou por achar que não precisava ou para não ter que lidar com a questão como um todo. Kathryn concluiu que a justificativa não faria diferença.

Para não ter que confrontar Martin, ela enviaria uma resposta por e-mail. Contudo, Kathryn percebeu que essa seria sua primeira atitude de verdade como CEO, e ela sabia que momentos como esse são mais bem resolvidos frente a frente.

Kathryn encontrou Martin sentado em seu escritório, lendo um e-mail. Ele estava de costas para a porta, mas ela não se deu ao trabalho de bater.

– Com licença, Martin. – Kathryn esperou que Martin virasse a cadeira, o que ele fez sem qualquer pressa. – Acabei de ver seu e-mail sobre a ASA.

Ele assentiu com a cabeça, e ela prosseguiu.

– É uma ótima notícia, mas vamos ter que adiar o encontro por alguns dias por causa do retiro.

Martin ficou em silêncio por um momento constrangedor e, em seguida, respondeu de forma apática:

– Acho que você não entendeu direito. Essa é uma espetacular oportunidade de venda. Não se pode simplesmente remarcar...

Kathryn o interrompeu e respondeu de modo casual.

– Não, eu entendi, *sim*. Mas acho que eles ainda estarão lá na semana que vem.

Como não estava acostumado a ser confrontado diretamente, Martin ficou um pouco agitado.

– Se está preocupada com esse negócio lá em Napa Valley, acho que nossas prioridades não estão coincidindo. Também precisamos fazer vendas.

Kathryn respirou fundo e sorriu para não demonstrar sua frustração.

– Em primeiro lugar, só tenho uma prioridade neste momento: atuar junto de todos, como uma equipe, ou não vamos conseguir vender nada.

Martin ficou em silêncio. Após alguns desconcertantes segundos, Kathryn pôs fim à conversa:

– Então, semana que vem vejo você em Napa Valley. – Ela se virou para sair, mas voltou-se de novo para Martin. – Ah, e se você precisar de alguma ajuda para remarcar a reunião com a ASA, é só me avisar. Conheço Bob Tennyson, o CEO de lá. Ele faz parte do Conselho da Trinity College junto comigo e me deve um favor.

Dito isso, ela saiu da sala. Embora Martin tivesse decidido ficar quieto por enquanto, ele não havia desistido de lutar.

Manobras subterrâneas

Jeff passou no escritório de Kathryn na manhã seguinte e convidou-a para almoçar. Ela havia planejado resolver algumas pendências pessoais nesse horário, mas mudou de planos sem pestanejar para poder conversar com o subordinado. Ele a levou ao restaurante mexicano mais antigo de Half Moon Bay, pois achava que era um bom lugar para conversas difíceis, já que era frequentado por muitos habitantes locais.

Antes que Jeff abordasse o assunto que queria discutir, Kathryn disse:

– Jeff, gostaria de agradecer a você por liderar as reuniões do conselho executivo nas duas últimas semanas. Isso permitiu que eu ficasse sentada observando.

Ele meneou a cabeça de forma educada, aceitando esse pequeno mas sincero gesto de gratidão.

Ela prosseguiu:

– Depois do retiro da próxima semana, vou assumir as reuniões. Mas quero que saiba que não é para você ficar em silêncio. Você deve participar delas tanto quanto qualquer outro membro da equipe.

Jeff assentiu e disse:

– Ótimo. Acho que isso não será um problema. – Ele fez uma pausa e reuniu a coragem necessária para tocar no assunto que o fizera convidar Kathryn para o almoço. Mexendo nervosamente nos talheres, começou: – Aproveitando que mencionou o retiro, gostaria de lhe fazer uma pergunta.

– Vá em frente.

O desconforto de Jeff estava sendo quase engraçado para Kathryn. E, como já imaginava que a pergunta seria sobre sua conversa com Martin, ela estava calma e confiante.

– Bem, ontem, quando eu estava saindo do escritório, conversei com Martin no estacionamento. – Ele parou um pouco, esperando que Kathryn levasse a conversa adiante. Isso não aconteceu, então ele continuou a falar. – Bem, ele me disse algo sobre uma reunião com a ASA e o problema do conflito de horários com o retiro.

Jeff fez outra pausa, esperando que a nova chefe tivesse a piedade de interrompê-lo. Dessa vez ela fez uma pergunta, mas só para estimulá-lo a seguir em frente.

– E então?

Jeff engoliu em seco.

– Bem, ele acredita, e, para falar a verdade, eu concordo com ele, que uma reunião com um cliente é mais importante do que uma reunião interna. Por isso, se ele e JR perderem o primeiro dia do retiro ou um pouco mais, acho que não haverá problema algum.

Kathryn escolheu cuidadosamente as palavras:

– Jeff, entendo sua opinião, e tudo bem se você discorda de mim, principalmente porque você me disse isso pessoalmente.

Jeff ficou claramente aliviado, pelo menos por enquanto.

– Entretanto, fui contratada para fazer com que essa empresa funcione, e, neste exato momento, não é o que está acontecendo. Não estou tentando criticar o que você fez até agora, porque acho que ninguém se preocupa mais com a empresa do que você.

– Agora que ele estava com o ego massageado, Kathryn chegou aonde queria. – Mas, do ponto de vista de equipe, estamos completamente arruinados. E uma reunião de vendas não terá qualquer impacto significativo sobre nosso futuro, pelo menos não até resolvermos nossos problemas de liderança por aqui.

Como não conhecia Kathryn muito bem, Jeff concluiu que qualquer outra argumentação seria inútil e, possivelmente, limitaria suas ambições profissionais. Ele assentiu com a cabeça, como se quisesse dizer "Entendi, você é quem manda".

Estabelecendo limites

A conversa com Jeff não intimidou Kathryn. Após o incidente com Martin, ela já esperava algum tipo de reação negativa por parte da equipe. Mas não fazia ideia que viria do presidente.

Ao chegar em casa naquela noite, achou que ele estivesse telefonando para lhe prestar apoio.

– Acabei de falar ao telefone com Jeff – ele anunciou, em tom amistoso.

– Então imagino que tenha ouvido falar da minha discussão com Martin.

O bom humor e a confiança de Kathryn levaram o presidente a adotar um tom mais sério.

– Isso mesmo, e estou um pouco preocupado.

Kathryn ficou surpresa:

– Está?

– Veja bem, Kathryn, você sabe que não pretendo lhe dizer como agir nessa situação, mas talvez você devesse firmar sua posição antes de se desentender com alguém.

Kathryn esperou um instante antes de responder. Por mais surpresa que estivesse com a preocupação do presidente, ela se manteve incrivelmente calma e logo adotou o estado de ânimo do amigo.

– Certo. Vou lhe dizer algo agora, mas sem a mínima intenção de parecer estar na defensiva ou ser rude.

– Sei disso, Kathryn.

– Ótimo, porque não pretendo medir palavras... não com você.

– E agradeço por isso.
– Pode ser que não me agradeça depois de me ouvir.
Ele deu uma risada forçada.
– Ok, estou sentado.
– Em primeiro lugar, não estou me desentendendo com as pessoas à toa. Venho observando esses funcionários com cuidado nas duas últimas semanas e tudo o que estou fazendo e que estou prestes a fazer é proposital. Quando discordei de Martin, não foi porque simplesmente tive vontade naquele instante.
– Eu sei, mas é que...
Kathryn interrompeu-o educadamente:
– Ouça o que tenho a dizer até o fim. É importante.
– Ok, continue.
– Bem, se você soubesse fazer o que estou tentando fazer, não precisaria de mim, certo?
– Certo.
– Veja bem, aprecio de verdade a sua preocupação com a empresa e comigo, e sei que suas intenções são as melhores para ambas as partes. Mas, com base nesse telefonema, tenho que dizer que suas boas intenções estão prejudicando a empresa mais do que auxiliando.
– Desculpe, mas não estou entendendo o que quer dizer.
Kathryn prosseguiu:
– Bem, nos últimos 18 meses, você vem sendo bastante atuante com Jeff e o resto da equipe, mais do que a maioria dos presidentes, e você viu essa equipe entrar em uma espiral crescente de problemas até atingir o caos. E agora me pediu que o ajudasse a tirá-los dessa situação. Não é isso?
– Sim, é exatamente isso que quero.
– Então, tenho uma única pergunta a lhe fazer: você está preparado para as consequências de me deixar fazer a coisa certa? Não precisa responder agora. – Ela o interrompeu bem na hora em que ele ia dizer algo. – Pense nisso por um instante.

Ela refletiu um pouco antes de continuar:
– Isso não vai ser fácil para a empresa, para os executivos, para mim ou para você.

O presidente permaneceu em silêncio, resistindo à tentação de assegurar a Kathryn que estava disposto a fazer qualquer coisa de que ela precisasse.

Kathryn interpretou o silêncio dele como uma permissão para continuar o cáustico discurso.

– Provavelmente, você já ouviu meu marido dizer que um time em crise é como um braço ou uma perna quebrados: consertá-los sempre dói e, algumas vezes, é preciso quebrá-los de novo para que se reconstituam na posição certa. E quebrar novamente dói muito mais do que a primeira vez, porque você precisa fazer isso de propósito.

Depois de uma longa pausa, o presidente falou:
– Ok, Kathryn, entendi. Faça o que tiver que fazer. Não vou me intrometer.

Kathryn sentiu sinceridade nas palavras dele. Então ele perguntou:
– Última coisa: quanto dessa equipe você terá que quebrar de novo?
– Devo saber até o final do mês.

NAPA

Kathryn escolheu Napa Valley para o retiro porque era um local perto o suficiente do escritório para evitar gastos excessivos e uma longa viagem, que os faria perder tempo, e longe o suficiente para que se sentissem fora da cidade.

A reunião aconteceria em um pequeno hotel no centro de Yountville. Kathryn gostava dali porque o preço era bem razoável durante a baixa temporada e havia uma sala de conferências ampla e confortável. Ela ficava no segundo andar, tinha uma varanda privada e vista para inúmeros vinhedos.

A reunião estava marcada para as nove da manhã, o que significava que a maioria das pessoas teria que sair de casa bem cedo para chegar pontualmente. Mais ou menos às 8h45, todos já haviam chegado, acomodado a bagagem na portaria e estavam sentados à mesa de conferências. Todos, exceto Martin.

Embora ninguém tivesse falado sobre ele, a maneira como olhavam para os relógios sugeria que estavam imaginando se ele chegaria na hora certa. Até Kathryn parecia um pouco nervosa.

Ela não queria que a primeira atividade do dia fosse uma reprimenda a alguém que tivesse se atrasado. E então, por uma fração de segundo, ela sentiu uma onda de pânico, imaginando o que faria se ele não aparecesse. Ela poderia muito bem demiti-lo por não ir à reunião, certo? Ela teria livre-arbítrio diante do conselho? *Quanto valor esse cara tem, afinal de contas?*

Quando Martin atravessou a porta às 8h59, Kathryn deu um suspiro de alívio e se castigou por se preocupar tanto. Foi confortante saber que, finalmente, chegara a hora de fazer o que planejara havia quase um mês. Por mais preocupada que estivesse com as atitudes das pessoas sentadas ao redor da mesa, Kathryn não podia negar que momentos como aquele eram um dos motivos principais pelos quais ela adorava ser líder.

O DISCURSO

Martin sentou-se no único lugar que ainda estava vazio, na cabeceira da mesa de conferências, de frente para Kathryn. Assim que se sentou, ele tirou o laptop da maleta e colocou-o sobre a mesa, deixando-o fechado por algum tempo.

Determinada a não se deixar distrair, Kathryn sorriu para a equipe e se dirigiu a todos com calma e polidez:

– Bom dia a todos. Gostaria de começar o dia dizendo algumas palavras. E essa não será a última vez que ouvirão isso.

Ninguém tinha ideia se o que Kathryn ia dizer seria sério. Ela continuou:

– Temos uma equipe de executivos mais experiente e talentosa do que as de nossos concorrentes. Temos mais dinheiro em caixa do que eles, além de diretores mais poderosos. Graças a Martin e sua equipe, temos uma tecnologia de base melhor. Entretanto, estamos atrás de dois de nossos concorrentes em termos de receita e de aumento do número de clientes. Alguém aqui poderia me dizer por quê?

Silêncio.

Kathryn continuou, com o mesmo tom amistoso do início:

– Depois de conversar com todos os membros de nossa equipe e passar algum tempo com cada um de vocês, além de falar com grande parte de nossos funcionários, ficou muito claro para mim qual é o nosso problema. – Ela fez uma pausa antes de completar o pensamento. – Não estamos funcionando como equipe. Na verdade, somos bastante deficientes nesse aspecto.

Alguns olharam para Jeff, para ver como ele reagiria. Ele parecia bem, mas Kathryn percebeu certa tensão.

– Não estou dizendo isso para criticar Jeff ou quem quer que seja. É simplesmente um fato com o qual vamos começar a lidar nos próximos dois dias. E, sim, sei quanto lhes parece ridículo e inacreditável que estejam fora do escritório tantos dias neste mês. Mas, no final do processo, todos os que ainda estiverem aqui entenderão por que isso é tão importante.

O último comentário prendeu a atenção de todos. Ela continuou:

– É isso mesmo. Quero dizer logo que a DecisionTech vai passar por algumas mudanças nos próximos meses, e é bem possível que alguns de nós aqui não achem que a nova empresa seja o tipo de lugar onde querem estar. Isso não é uma ameaça nem uma pegadinha, e não tenho em mente ninguém em particular. É apenas uma probabilidade realista que não devemos fingir que não existe. Todos nós somos altamente empregáveis, e sair não seria o fim do mundo para ninguém, se for a coisa certa para a empresa e a equipe.

Kathryn levantou-se e foi até o quadro branco, com cuidado para não parecer arrogante nem condescendente.

– Quero assegurar que tudo o que vamos fazer aqui tem apenas uma finalidade: o sucesso desta empresa. Podem ficar tranquilos que ninguém vai precisar se abraçar nem dar as mãos.

Alguns acharam graça.

– E certamente não vamos cantar nem tirar a roupa.

Até Martin deu um sorriso enquanto os outros riram bastante.

– Estejam certos de que só há um motivo para estarmos aqui neste retiro e na empresa: alcançar resultados. Em minha opinião, essa é a única coisa que avalia o desempenho de uma equipe e será o foco de tudo o que fizermos enquanto eu estiver aqui. Minha expectativa é de que no ano que vem, e no seguinte, nós alcancemos aumento de renda, lucratividade, retenção e satisfação de clientes, e, se o mercado permitir, até uma oferta pública inicial de ações. Mas posso garantir que nada disso acontecerá se não enfrentarmos as questões que estão nos impedindo de atuar como equipe.

Kathryn parou novamente, para que as pessoas pudessem digerir a simplicidade de sua mensagem, e continuou:

– E como vamos fazer isso? Em minha experiência de vida, cheguei à conclusão de que existem cinco disfunções que levam uma equipe a enfrentar desafios.

Ela então desenhou um triângulo no quadro branco e dividiu-o com quatro linhas horizontais, criando cinco seções. Em seguida, se virou de frente para o grupo.

– Amanhã e depois, nós vamos preencher estes espaços e lidar com cada questão em separado. E vocês logo perceberão que resolvê-las não é nada complicado. Na verdade, será incrivelmente simples na teoria. O desafio está na forma de colocar isso em prática. Neste exato momento, gostaria de começar com a primeira disfunção: *falta de confiança*.

Ela escreveu a frase na base do triângulo.

Os membros do conselho leram as palavras em silêncio e a maioria franziu o cenho, como se dissesse: "É isso que você tem a oferecer?"

Kathryn estava acostumada a essas reações e continuou.

– A confiança é a base de um verdadeiro trabalho em equipe. Portanto, a primeira disfunção é incapacidade dos membros da equipe de se entenderem e se abrirem uns com os outros. E se isso lhes soa um tanto meloso, deixem-me explicar, porque não há nada de delicado aqui. É uma característica absolutamente crítica da construção de uma equipe. Na verdade, talvez seja a mais crítica de todas.

Algumas das pessoas estavam claramente precisando de mais explicações.

– Membros de grandes equipes não restringem uns aos outros – disse ela. – Eles não têm medo de lavar a roupa suja. Eles admitem os próprios erros, fraquezas e preocupações, sem medo de represálias.

A maioria da equipe pareceu concordar com esse ponto, mas sem muito entusiasmo.

Kathryn provocou:

– O fato é que, se não confiarmos uns nos outros... e me parece que não confiamos... não poderemos ser uma equipe unida, capaz de alcançar resultados. Portanto, é nisso que vamos nos concentrar primeiro.

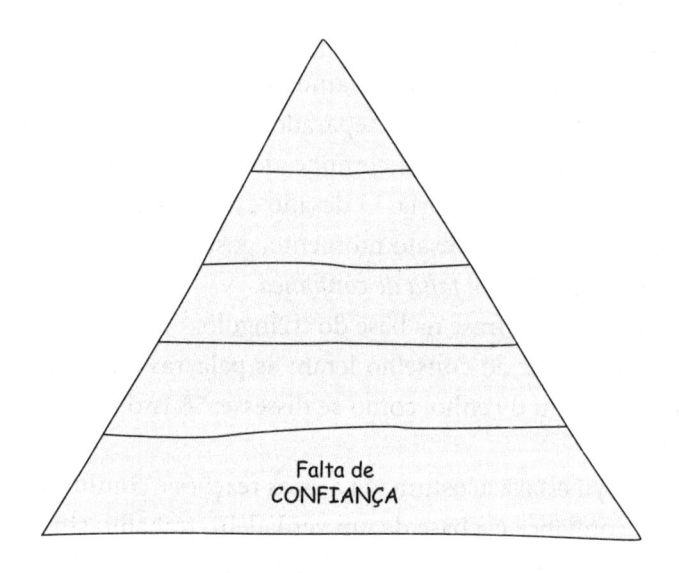

Falta de
CONFIANÇA

Recuando

Todos estavam em silêncio, até Jan levantar a mão. Kathryn sorriu e disse:
— Eu posso ter sido professora há algum tempo, mas vocês não precisam levantar a mão para falar. Sintam-se à vontade para me interromper quando quiserem.

Jan assentiu com a cabeça e fez sua pergunta:
— Não quero ser negativa nem contraditória, mas só me pergunto por que você acha que não confiamos uns nos outros. Será que nos conhece direito?

Kathryn pensou um pouco, para dar uma reposta ponderada.
— Bem, meu julgamento é baseado em muitos dados, Jan. Comentários específicos do conselho, de funcionários, muitos vindos inclusive de você.

Jan pareceu satisfeita com a resposta, mas Kathryn decidiu prosseguir.

— Mas devo dizer que, fora o que ouvi de outras pessoas, vejo um problema de confiança na falta de debate durante as reuniões de equipe e outras interações entre vocês. Mas não quero falar sobre isso agora, pois não tem a ver com o modelo como um todo.

Nick estava disposto a argumentar.

— Mas isso não significa que sempre haja falta de confiança, você não acha? — A pergunta foi mais uma afirmativa do que qualquer outra coisa. Todos na sala, inclusive Martin e Mikey, se mostraram ansiosos pela resposta de Kathryn.

— Não, não necessariamente, eu acho.

Nick ficou satisfeito por seu comentário ter sido considerado correto, até Kathryn esclarecer:

– Teoricamente, se todos estão exatamente na mesma página, trabalham no mesmo ritmo, na direção dos mesmos objetivos, sem qualquer desarmonia, então suponho que a falta de debate possa ser um bom sinal.

Alguns dos membros da equipe começaram a sorrir constrangidos por saberem que aquela descrição não se aplicava a eles. A satisfação de Nick desapareceu. Kathryn continuou a direcionar sua explicação a ele:

– Mas todas as equipes eficientes que já observei tinham um alto nível de debates. Até as mais confiantes tinham muitas questões a serem resolvidas. – Em seguida, ela perguntou ao resto do grupo: – Por que vocês acham que há tão poucas discussões acaloradas nesta equipe?

A princípio, ninguém respondeu, e Kathryn os deixou ficar naquele silêncio desconfortável. Então Mikey murmurou algo em voz baixa.

– Desculpe, Mikey, não consegui ouvi-la. – Kathryn fez o melhor que pôde para esconder que não gostava de comentários sarcásticos, algo que ela desenvolvera dando aulas para o oitavo ano.

Mikey repetiu o que tinha dito, agora em voz alta:

– Não há tempo suficiente. Acho que estamos todos muito ocupados para termos longos debates sobre assuntos de pouca importância. Estamos assoberbados de trabalho.

Kathryn sentiu que os outros poderiam até não concordar com Mikey, mas ninguém ousaria desafiar a colega. Ela estava prestes a fazer isso quando Jeff disse algo, de forma hesitante:

– Não sei se concordo com você nesse aspecto, Mikey. Não acho que nos falte tempo para discussões, mas sim que não nos sentimos à vontade para desafiarmos uns aos outros. E não sei exatamente por quê.

Mikey respondeu depressa, de maneira incisiva:

– Talvez seja porque nossas reuniões são muito estruturadas e chatas.

O lado materno de Kathryn quis proteger Jeff, em parte para recompensá-lo por ter enfrentado Mikey, mas ela decidiu que era melhor deixar as coisas acontecerem naturalmente.

Depois de certo silêncio, Carlos interrompeu a conversa educadamente, mas sem se dirigir a Mikey.

– Concordo que as reuniões têm sido muito tediosas e que estamos cheios de trabalho a fazer. Mas acho que todos nós podemos nos desafiar um pouco mais. Certamente, nós não concordamos em tudo.

– Acho que não concordamos em nada – comentou Nick.

Todos riram. Menos Martin, que havia ligado o laptop. Kathryn entrou na animada discussão:

– Então vocês não concordam com a maioria das coisas, mas, mesmo assim, não querem admitir que têm preocupações. Ora, não sou Ph.D. em psicologia, mas isso caracteriza um problema de confiança.

Alguns membros da equipe concordaram com a cabeça, algo que deu a Kathryn um imenso prazer.

E então começou o barulho do teclado. Martin, agora completamente fora da conversa, estava digitando sem parar. Atraídos pelo som, todos os presentes olharam para ele por um milésimo de segundo. E isso foi o suficiente para acabar com qualquer ápice que a conversa tivesse alcançado.

Kathryn havia, ao mesmo tempo, ansiado e temido aquele momento desde a primeira reunião da equipe que observara. E, por mais que desejasse evitar outro embate com Martin, principalmente no início do dia, ela não deixaria a oportunidade passar.

Entrando na área de perigo

A tensão na sala começou a aumentar enquanto Kathryn observava Martin digitando do outro lado da mesa. Todos acharam que ela não ia dizer nada, mas ninguém conhecia Kathryn muito bem.

– Martin?

Martin parou de digitar e olhou para a chefe.

– Você está trabalhando em alguma coisa? – Não houve qualquer sinal de sarcasmo na pergunta de Kathryn.

Todos ficaram em silêncio, esperando ansiosamente pela resposta à pergunta que eles mesmos vinham se fazendo nos últimos dois anos.

Parecia que Martin não ia responder nada, mas disse:

– Na verdade, estou fazendo anotações. – E continuou a digitar.

Kathryn permaneceu calma e continuou a falar em tom comedido.

– Acho que este é um bom momento para falarmos sobre regras básicas para nossos retiros e nossas reuniões daqui para a frente.

Martin tirou os olhos da tela do computador, e Kathryn prosseguiu, direcionando seus comentários a todo o grupo.

– Não tenho muitas regras quando se trata de reuniões, mas não abro mão de algumas delas. Basicamente, quero que todos vocês façam duas coisas: estejam presentes e participem. Isso quer dizer que todos devem estar completamente envolvidos no que quer que estejamos discutindo.

Até Martin sabia quando recuar. Ele fez uma pergunta num tom ligeiramente conciliador, que o grupo não estava acostumado a ouvir do diretor técnico.

– E quando a conversa não for relevante para todos? Algumas vezes, acho que falamos sobre questões que seriam resolvidas com mais eficiência em uma conversa individual.

– Esse é um ponto interessante. – Kathryn estava atraindo o interesse de Martin. – Se isso por acaso acontecer, se acharmos que o grupo está perdendo tempo discutindo assuntos que podem ser resolvidos fora da reunião, então todos devem se sentir livres para expressar isso.

Martin pareceu satisfeito por ela ter concordado com ele. Kathryn continuou:

– Mas, para todo o resto, quero o envolvimento de cada um. E embora eu entenda que alguns preferem usar computador em vez de caderno, como você, Martin, acho que isso distrai demais a atenção. É fácil ceder à tentação de verificar e-mails ou trabalhar em outra coisa.

Mikey decidiu intervir a favor de Martin, algo que ele não queria e de que não precisava.

– Kathryn, com todo o respeito, você não trabalhou em culturas de alta tecnologia, e essa forma de fazer anotações é muito comum em empresas de software. Talvez seja diferente no mundo automotivo, mas...

Kathryn interrompeu-a educadamente.

– Na verdade, isso é muito comum no mundo automotivo. Eu tinha o mesmo problema lá. É mais uma questão comportamental do que tecnológica.

Jeff assentiu com a cabeça e sorriu, como se quisesse dizer "Boa resposta". E, com isso, Martin fechou o laptop e colocou-o na maleta onde o trouxera. Muitos membros da equipe olharam para Kathryn como se ela tivesse acabado de convencer um assaltante de bancos a entregar a própria arma.

Bem que o resto do dia poderia ter sido tão fácil quanto o início.

Desvendando-se

Kathryn sabia que estava prestes a começar uma parte crítica da reunião, que lhe daria pistas sobre como seria o desdobramento dos fatos nos meses que estavam por vir. Por isso mesmo, aquele seria o primeiro desafio do dia.

– Antes de falar sobre coisas mais delicadas, vamos começar com algo que chamo de "histórias pessoais".

Kathryn explicou que todos responderiam a cinco perguntas pessoais, porém não invasivas, que tinham a ver com o passado de cada um.

Um por um, os executivos da DecisionTech responderam às questões: Cidade natal? Número de crianças na família? Passatempos da infância? Maior desafio? Primeiro emprego?

Cada grupo de respostas continha uma ou duas pérolas que poucos ou nenhum dos demais conheciam.

Carlos era o mais velho de nove filhos. Mikey estudara balé na Juilliard School, em Nova York. Jeff havia trabalhado no Boston Red Sox, cuidando dos tacos de beisebol. Martin passara grande parte da infância na Índia. JR tinha um irmão gêmeo idêntico. Jan era filha de militares. Nick chegou a descobrir que no ensino médio havia jogado basquete contra um time treinado pelo marido de Kathryn.

Quanto a Kathryn, todos pareceram muito surpresos não por seu treinamento militar ou sua experiência na indústria automotiva, mas pelo fato de ter sido jogadora de voleibol quando estava na faculdade.

Foi mesmo impressionante. Depois de apenas 45 minutos de revelações extremamente pessoais, os membros da equipe pareciam mais unidos e mais à vontade uns com os outros do que em qualquer outro momento no ano anterior. Mas Kathryn já havia passado por isso muitas vezes e sabia que a euforia acabaria diminuindo assim que o tema da conversa fosse redirecionado para o trabalho.

Aprofundando-se

Quando voltaram de um rápido intervalo, ficou claro que o brilho da sessão matinal já havia se apagado um pouco. O grupo passou as horas seguintes revendo suas tendências comportamentais individuais de acordo com várias ferramentas de diagnóstico que haviam utilizado antes de irem ao encontro em Napa. Uma dessas ferramentas foi a classificação tipológica de Myers-Briggs.

Kathryn teve uma grata surpresa ao perceber que até Martin parecia envolvido na discussão. Mas ela considerou que todo mundo gosta de aprender – e falar – sobre si mesmo. Pelo menos até que surja alguma crítica, o que estava prestes a acontecer.

Então decidiu que o fim da tarde não seria uma boa hora para passar para a próxima fase, considerando o ânimo da equipe. Sendo assim, ela deu a todos um intervalo de algumas horas para que pudessem verificar e-mails, exercitar-se ou fazer qualquer outra coisa que quisessem. Kathryn sabia que trabalhariam até tarde da noite e não queria que ficassem cansados demais logo cedo.

Martin passou a maior parte desse intervalo lendo e-mails em seu quarto. Nick, Jeff, Carlos e JR jogaram bocha em uma quadra ao lado do hotel e Kathryn e Jan ficaram no saguão falando sobre orçamentos. Mikey ficou sentada na beira da piscina, lendo um livro.

Quando retornaram, perto da hora do jantar, Kathryn se mostrou satisfeita por vê-los recomeçar a conversa de onde haviam parado mais cedo. Agora, todos já tinham consciência de seus diferentes estilos interpessoais no trabalho e haviam discutido as implicações de serem introvertidos ou extrovertidos, além de outras qualidades similares. Definitivamente, todos estavam se soltando.

As pessoas estavam comendo pizza e tomando cerveja, o que fazia tudo parecer menos ameaçador. Em certo momento, Carlos estava rindo de Jan por ela ser muito obsessiva, enquanto Jeff implicava com JR por ele não ter foco. Até Martin reagiu bem quando Nick o chamou de "introvertido atroz". Quase ninguém à mesa estava chateado, pois as gozações tinham uma natureza fundamentada porém gentil. A exceção era Mikey. Não é que ela não aceitasse as brincadeiras. Era pior que isso: ninguém fez comentário algum sobre ela, e, como já era de esperar, ela quase não falou nada sobre ninguém.

Kathryn queria trazê-la para participar do processo, mas decidiu não ser tão assertiva, não tão cedo. As coisas estavam indo bem – melhor do que o esperado –, e a equipe parecia disposta a falar sobre alguns dos comportamentos disfuncionais que Kathryn havia observado durante as reuniões de equipe. A CEO não queria criar desavenças na primeira noite, muito menos depois de ter evitado uma discussão com Martin.

Mas, algumas vezes, as coisas não podem ser controladas, e a própria Mikey deu margem para que seus problemas fossem expostos. Quando Nick comentou com o grupo que achava que as descrições de personalidade tinham sido incrivelmente precisas e úteis, Mikey fez o que já fizera tantas outras vezes em reuniões de equipe: revirou os olhos.

Kathryn estava prestes a chamar atenção para o comportamento dela quando Nick se adiantou:

– Por que você fez isso?

Mikey reagiu como se não tivesse ideia do que ele estava falando.

– O quê?

Nick estava falando em tom de brincadeira com Mikey, mas dava para perceber que ele estava um pouco aborrecido.
– Ora, você revirou os olhos. Eu falei alguma besteira?
Ela continuou se fazendo de desentendida.
– Não, eu não disse nada.
Jan se meteu na conversa, mas educadamente.
– Você não precisou dizer nada, Mikey. Foi a sua expressão.
– Jan queria neutralizar a situação ajudando Mikey a admitir o que fazia sem perder a pose. – Às vezes acho que você nem percebe que faz isso.
Mas Mikey não admitiu e começou a se colocar na defensiva:
– Não sei mesmo do que vocês estão falando.
Nick se descontrolou.
– Pelo amor de Deus, você faz isso o tempo todo! É como se achasse que somos todos uns idiotas.
Kathryn não podia negar que estava satisfeita porque as questões estavam começando a vir à tona. Ela mordeu um pedaço de pizza e ficou observando, junto com o restante do grupo, resistindo à tentação de acalmar os ânimos. Mas, então, Mikey se manifestou:
– Quero deixar bem claro para todos que discordo de toda essa psicobaboseira. Acho que nenhum dos nossos concorrentes, que estão nos deixando para trás neste momento, está sentado em um hotel em Napa falando sobre de onde tiram a própria energia ou como enxergam o mundo.
Todos pareciam estar achando tudo divertido, e foram pegos desprevenidos pela crítica ao processo. Olharam para Kathryn a fim de ver como ela reagiria. Mas Martin falou antes:
– É verdade, você tem razão. – Todos ficaram chocados por Martin defender Mikey, já que parecia envolvido na dinâmica... até ele terminar seu comentário. – Eles devem estar em Carmel.
Se qualquer outra pessoa tivesse dito isso, todos teriam soltado um riso abafado. Mas, vindo de Martin e dirigido a Mikey,

naquele tom seco e sarcástico, o comentário fez com que gargalhassem. Menos, é claro, Mikey, que ficou ali sentada, esboçando um sorriso forçado.

Por um instante, Kathryn achou que a diretora de marketing iria se retirar. Nos 90 minutos seguintes Mikey não disse uma única palavra, mas permaneceu sentada, em completo silêncio, enquanto o grupo continuava a discussão.

Depois de algum tempo, o tópico mudou para questões táticas relacionadas aos negócios. Jan interrompeu a conversa e perguntou a Kathryn:

– Nós estamos saindo do assunto. Algum problema?

Kathryn fez que não com a cabeça.

– Não, acho que é bom mergulharmos nas questões operacionais enquanto falamos sobre as comportamentais. Isso nos dá a chance de ver como colocamos isso na prática.

Por mais feliz que estivesse pela interação entre os membros da equipe, Kathryn não conseguia ignorar o fato de que a atitude de Mikey era uma prova irrefutável de sua incapacidade de confiar nos colegas.

À BEIRA DA PISCINA

Kathryn encerrou a sessão pouco depois das 10 horas da noite e, com exceção de Jan e Nick, que haviam acabado de começar uma discussão sobre orçamentos, a equipe foi dormir. Os quartos de Mikey e Kathryn ficavam perto da piscina e, enquanto se encaminhavam para lá, Kathryn decidiu tentar fazer algum progresso conversando a sós com ela.
– Você está bem? – Kathryn teve o cuidado de não se mostrar muito dramática nem muito maternal.
– Sim. – Mikey não estava fingindo muito bem.
– Sei que esse é um processo difícil e que você pode achar que pegaram um pouco pesado com você.
– Um pouco? Olha, não permito que debochem de mim nem em casa, então pode ter certeza de que não quero que façam isso no trabalho. Esses caras não têm ideia de como fazer uma empresa alcançar o sucesso.
Kathryn ficou confusa demais com a resposta abrangente. Mas, depois de um instante, ela disse:
– Bem, podemos conversar sobre isso amanhã. Acho que eles precisam ouvir a sua opinião.
– Ah, não vou dizer nada amanhã.
Kathryn tentou não reagir de forma exagerada ao comentário, que ela atribuiu mais às emoções do momento do que a qualquer outro fator.
– Acho que você vai se sentir melhor de manhã.
– Não, estou falando sério. Eles não vão ouvir a minha voz.

Kathryn decidiu deixar para lá por enquanto.
— Bom, tenha uma boa noite de sono.

Elas foram para seus quartos. Mikey terminou a conversa com uma risada sarcástica, dizendo:
— Ah, eu terei.

A RECUPERAÇÃO

Apenas Kathryn e Jan estavam na sala de conferências quando Mikey chegou, na manhã seguinte. Ela parecia entusiasmada e não se mostrava abatida pelos eventos do dia anterior, o que foi uma grata surpresa para Kathryn.

Assim que os outros membros da equipe chegaram, Kathryn deu início à sessão, fazendo um breve apanhado sobre a palestra do dia anterior.

– Muito bem. Antes de começarmos, acho bom lembrarmos os motivos que nos trouxeram aqui. Temos mais dinheiro, executivos mais experientes, melhor tecnologia e mais contatos do que todos os nossos concorrentes, mas pelo menos dois deles são superiores a nós no mercado. Nossa tarefa é aumentar a receita, a lucratividade, as vendas, a retenção de clientes e talvez até nos colocarmos em posição para lançar ações na bolsa de valores. Mas nada disso acontecerá se não funcionarmos como uma equipe. – Ela fez uma pausa, surpresa ao ver como todos pareciam ouvi-la com atenção. – Alguma pergunta?

Alguns dos membros da equipe balançaram a cabeça como se dissessem "Nenhuma pergunta. Vamos em frente". Pelo menos essa foi a interpretação de Kathryn.

Nas horas seguintes, o grupo reviu o material que fora discutido no primeiro dia. Depois de cerca de uma hora, Martin e Nick pareciam estar perdendo um pouco do interesse, e JR ficava mais distraído cada vez que seu celular vibrava e não era conferido.

Kathryn achou melhor discutir as preocupações gerais antes que eles começassem a conversar entre si.

– Sei que todos vocês devem estar se peguntando "Mas nós já não fizemos isso ontem?", e admito que o processo é repetitivo. Mas nada do que aprendemos vai se fixar enquanto não entendermos completamente como aplicar o que vimos.

Por mais uma hora, o grupo discutiu as implicações de seus variados estilos e as oportunidades e os desafios coletivos que tais características criavam. Mikey fez alguns comentários, e, toda vez que ela falava, o andamento da conversa parecia desacelerar drasticamente. Martin falou pouco, mas parecia estar prestando atenção e acompanhando as discussões.

Mais ou menos no meio da manhã, eles haviam terminado a discussão sobre estilos interpessoais e comportamento de equipe.

E então, faltando menos de uma hora para o almoço, Kathryn decidiu introduzir o exercício mais importante do dia, um que ela mais tarde veria como a hora da verdade para Mikey e o restante do grupo.

CONSCIÊNCIA

Caminhando em direção ao quadro branco, Kathryn explicou:
— Lembrem-se, o trabalho em equipe começa pela construção da confiança. E a única maneira de fazer isso é superando nossa necessidade de sermos invulneráveis.

Ela escreveu a palavra *invulnerabilidade* ao lado de *confiança* no quadro branco e prosseguiu:

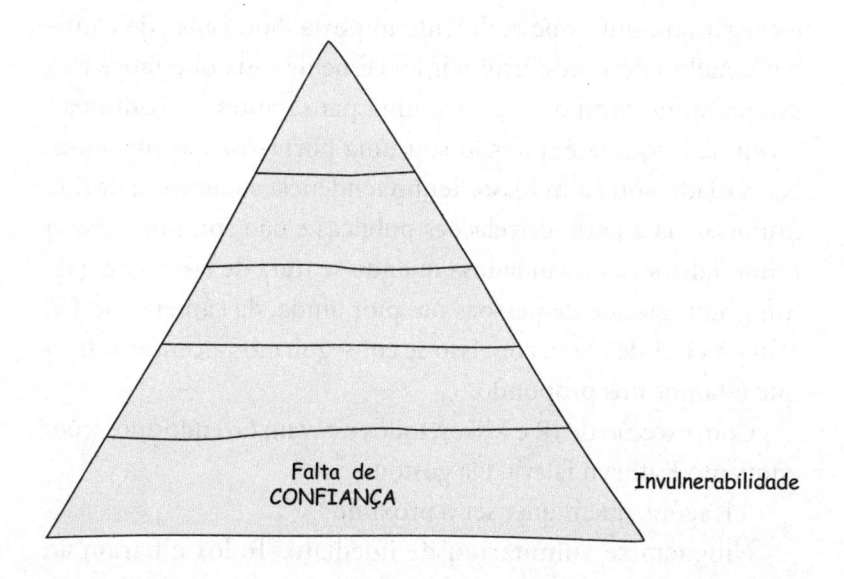

[Pirâmide com os rótulos "Falta de CONFIANÇA" e "Invulnerabilidade" na base]

— Sendo assim, todos nós vamos demonstrar nossa vulnerabilidade esta manhã, de uma maneira que apresentará baixo risco mas que será muito relevante.

Em seguida, ela pediu a todos que passassem cinco minutos decidindo o que acreditavam ser sua maior força e sua maior fraqueza em termos de contribuição para o sucesso ou o fracasso da DecisionTech.

– Não quero que vocês me falem de alguma fraqueza genérica nem que subestimem seus pontos fortes por serem modestos ou se sentirem constrangidos demais para nos dizer o que acham que realmente fazem bem. Levem esse simples exercício a sério e se disponham a se abrir.

Quando todos terminaram de fazer suas anotações, Kathryn deu início à discussão.

– Ok, eu começo. – Ela olhou brevemente para as próprias anotações. – Acho que meu ponto mais forte, pelo menos o que terá o maior impacto sobre nosso sucesso, é minha habilidade de enxergar por trás de informações irrelevantes e supérfluas e chegar ao ponto que realmente importa. Sou capaz de eliminar detalhes desnecessários e ir ao cerne de uma questão, e isso poupa muito tempo. – Ela fez uma pausa antes de continuar.

– Minha fraqueza é que não sou uma porta-voz das melhores. Na verdade, sou ruim nisso. Tenho tendência a não dar a devida importância à parte de relações públicas e não sou uma pessoa muito talentosa ou cuidadosa quando se trata de falar diante de um grupo grande de pessoas ou, pior ainda, de câmeras de TV. Vou precisar de ajuda com isso se conseguirmos alcançar tudo a que estamos nos propondo.

Com exceção de JR e Mikey, todos estavam fazendo anotações enquanto Kathryn falava. Ela gostou.

– E agora, quem quer ser o próximo?

Ninguém se voluntariou de imediato. Todos olharam ao redor – alguns na esperança de que um dos colegas se oferecesse para falar, outros parecendo pedir permissão para tomar a frente.

Finalmente, Nick quebrou o silêncio.

– Eu falo. – Ele reviu as próprias anotações. – Acho que meu ponto mais forte é a ausência de medo quando se trata de negociações com outras empresas, quer sejam parceiras, fornecedoras ou concorrentes. Não tenho nenhum problema em pressioná-las para que façam mais do que desejam. Minha maior fraqueza, porém, é que de vez em quando acabo passando a impressão de ser arrogante.

Alguns dos colegas de Nick riram, com certo nervosismo. Ele sorriu e continuou:

– Isso mesmo, tenho esse problema desde que estava na faculdade e, provavelmente, antes. Posso ser sarcástico e até rude algumas vezes, e fica parecendo que me acho mais inteligente do que os outros. E isso pode não ser um problema quando estou lidando com fornecedores, mas acho que causa certa irritação se acontece com vocês, o que sei que não irá nos ajudar muito a chegar aonde queremos.

Jeff comentou:

– Parece que sua força e sua fraqueza têm a ver uma com a outra.

Para a surpresa de todos, Martin concordou.

– E geralmente não é assim?

Vários membros da equipe assentiram.

Kathryn ficou impressionada com a aparente honestidade de Nick e a disposição dos outros membros para fazer comentários. Ela gostou de ele ter sido o primeiro.

– Bom. Era exatamente isso que eu estava querendo. Quem é o próximo?

Jan se apresentou e se referiu a suas habilidades de gerenciamento e atenção a detalhes como pontos fortes, algo com que todos concordaram de imediato. Em seguida, ela admitiu ser mais conservadora em relação a finanças do que a diretora financeira de uma startup deveria ser. Explicou que isso era resultado de seu treinamento em empresas maiores, e sua preocupação era que os colegas não estivessem comprometidos o bastante com as despesas administrativas. E continuou:

– Sendo assim, acredito que estou dificultando que vocês venham até mim, por ser tão controladora.

Jeff falou em seguida. Ele lutou contra a vontade de não elogiar demais as impressionantes redes de contatos que possuía e sua habilidade de estabelecer parcerias com investidores e colegas. Mas Jan não deixaria isso passar impunemente.

– Por favor, Jeff. Se fizemos alguma coisa certa foi arrecadar um monte de dinheiro e deixar os investidores animados em relação à empresa. Não subestime o seu papel nisso.

Com relutância, Jeff aceitou aquela gentil repreensão e surpreendeu a todos ao admitir sua fraqueza.

– Tenho medo de fracassar. Por isso tenho a tendência de complicar as coisas para que só eu possa fazê-las. Não gosto de dizer aos outros o que fazer, o que, ironicamente, só contribui para que eu tenha mais chances de ser malsucedido.

Por um instante, Jeff pareceu lutar para controlar as emoções e, em seguida, recuperou-se. Ele teve certeza de que ninguém havia percebido.

– E acho que esse é, provavelmente, o maior motivo de eu não ter obtido sucesso e não ser mais o CEO da empresa. – Ele fez uma pausa e logo acrescentou: – O que não me deixou chateado. Na verdade, estou bem feliz por não estar mais nesse cargo.

O grupo riu, prestando apoio.

Kathryn mal podia acreditar que as primeiras três pessoas a se apresentar tivessem se saído tão bem. Por um instante, ela começou a ter esperanças de que a dinâmica continuaria dando certo e o dia seria um sucesso total. E, então, Mikey falou:

– Ok, serei a próxima. – Diferentemente dos colegas, Mikey olhou para suas anotações quase o tempo inteiro enquanto falava. – Meus pontos mais fortes são meu conhecimento do mercado de tecnologia e minha forma de me comunicar com os analistas e a mídia. Minha maior fraqueza é minha pouca habilidade com questões financeiras.

Silêncio. Nenhum comentário. Nenhuma pergunta. Nada.

Assim como Kathryn, quase todos na sala estavam divididos entre dois sentimentos: alívio por Mikey ter terminado e decepção pela natureza vazia de suas respostas. Naquele momento, Kathryn achou que não deveria forçar sua diretora de marketing a se abrir mais. Mikey teria que fazê-lo por si mesma.

A cada segundo que passava, as pessoas imploravam em silêncio para que alguém falasse algo. Carlos as tirou daquela penosa situação e disse:

– Muito bem, minha vez.

Fazendo o maior esforço possível para trazer o alto nível de volta à conversa, ele falou sobre sua capacidade de levar as coisas até o fim como ponto forte e sua dificuldade em deixar as pessoas cientes do próprio progresso como fraqueza.

Depois que terminou, Jan fez um comentário:

– Carlos, acho que suas duas respostas estão erradas.

Sem saber que Carlos e Jan tinham se tornado muito próximos, Kathryn surpreendeu-se pela objetividade daquela crítica. Jan prosseguiu:

– Primeiramente, do jeito que você é minucioso, sua disposição para fazer o trabalho mais chato sem reclamar é seu ponto mais forte. Sei que isso soa muito mal, mas não tenho ideia do que aconteceria por aqui se você não nos salvasse o tempo todo. – Muitos concordaram em voz alta. – E, como lado negativo, acho que você poderia nos dizer mais o que está pensando durante as reuniões. Você se fecha muito.

Todos esperaram para ver a reação de Carlos, mas ele apenas assentiu com a cabeça e disse:

– Ok.

JR foi o próximo voluntário e provocou gargalhadas quando declarou:

– Com certeza, o fato de eu sempre terminar o que começo e minha atenção são meus pontos fortes. – O grupo riu por um instante até que JR continuou. – Mas, falando sério, sou muito bom em construir fortes relações pessoais com os clientes. – Ele disse isso com modéstia suficiente para que todos gostassem de escutá-lo. – Meu ponto fraco é que, se eu não achar que algo é incrivelmente importante, o que em geral significa que não vai me deixar mais perto de fechar um contrato, algumas vezes eu deixo a tarefa de lado.

– Algumas vezes? – perguntou Nick.

Todos riram outra vez. JR ficou corado.

– Eu sei, eu sei. É que nunca consigo executar todas as tarefas da minha lista de afazeres. Não sei por quê. Mas acho que isso prejudica a equipe.

Martin era o único executivo que ainda não tinha falado.

– Ok, acho que sou o próximo. – Ele deu um longo suspiro. – Detesto falar de mim mesmo dessa maneira, mas, já que é necessário, eu diria que sou bom em solucionar problemas, fazer análises, coisas desse tipo. Mas não sou tão bom em me comunicar com pessoas. – Ele parou um pouco e logo continuou: – Quer dizer, não é que eu não consiga, mas, na verdade, prefiro pessoas que não sejam sensíveis. Gosto de conversar em um nível puramente intelectual, sem ter que me preocupar com os sentimentos dos outros ou algo semelhante. Isso está fazendo sentido?

– É claro – respondeu Jeff, que decidiu se arriscar. – O problema é que isso, muitas vezes, faz as pessoas pensarem que você não gosta delas. Que você as acha uma perda de tempo.

Martin mostrou-se visivelmente desapontado com o comentário de Jeff.

– Não, de jeito nenhum! Quer dizer, essa não é a minha intenção. Que droga, isso é ruim. Não é a impressão que quero passar, mas acho que entendo por que isso acontece. Não sei como mudar isso.

Pela primeira vez naquela manhã, Mikey se meteu na conversa, sorrindo.

– Anos de psicoterapia, meu amigo. E mesmo assim você provavelmente não conseguirá mudar. Você é apenas um filho da mãe arrogante. Mas todos os diretores técnicos no Vale não são assim?

Mikey riu. Ninguém achou graça, com exceção de Martin, que parecia constrangido com aquela observação mas queria demonstrar senso de humor. Por dentro, ele estava nervoso.

Mais tarde, Kathryn iria se arrepender de não responder ao comentário de Mikey, que ela atribuiu ao nível incrivelmente baixo de inteligência emocional da funcionária. Qualquer que fosse o caso, estava claro que o comportamento da moça estava causando um grande impacto no restante do grupo.

EGO

Quando todos se sentaram em volta da mesa, Kathryn anunciou a mudança de assunto.

— Muito bem, vamos pular para a última das disfunções, mas vamos revisitar o tópico sobre o medo da vulnerabilidade e da necessidade de confiança muitas outras vezes no retiro do mês que vem. Se alguém não estiver muito animado em relação a isso, é melhor se preparar.

Todos presumiram que ela estivesse se dirigindo a Mikey. Nenhum outro membro da equipe parecia estar lutando tanto contra aquilo quanto ela.

Kathryn foi até o quadro branco para descrever a próxima disfunção. Escreveu *falta de atenção aos resultados* no topo do triângulo.

— Agora nós vamos ao topo do triângulo para falar sobre a última disfunção: a tendência que os membros da equipe têm de procurar reconhecimento e atenção individuais à custa dos resultados. E estou me referindo a resultados coletivos, os objetivos da equipe inteira.

Nick perguntou:

— Isso tem a ver com ego?

— Ora, suponho que sim. Porém, não quero dizer que não haja lugar para o ego em uma equipe. O segredo é fazer com que o ego coletivo seja maior do que os individuais.

— Acho que não entendi muito bem o que isso tem a ver com resultados — comentou Jeff.

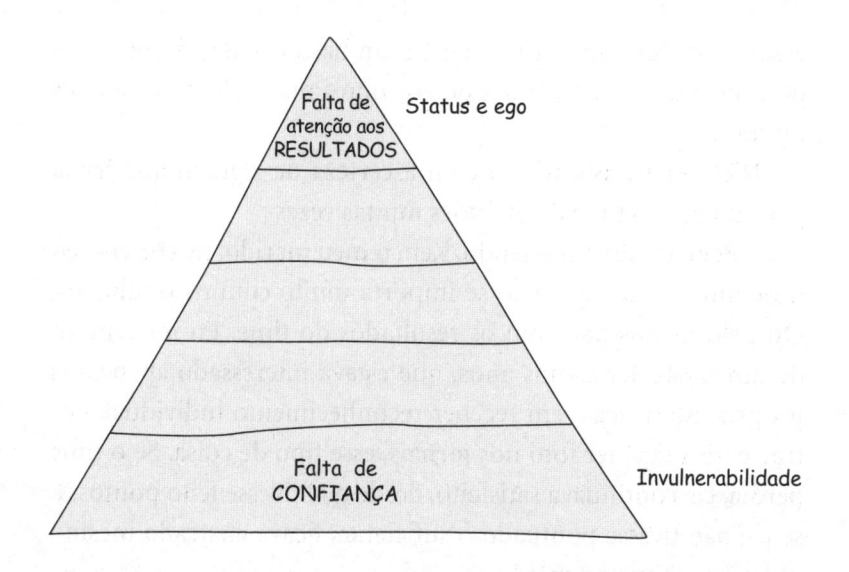

```
        /\
       /  \
      /Falta de\  Status e ego
     /atenção aos\
    / RESULTADOS  \
   /───────────────\
  /                 \
 /───────────────────\
/                     \
/   Falta de           \  Invulnerabilidade
/   CONFIANÇA           \
────────────────────────
```

— Bem, quando todos estão focados nos resultados e os usam para definir sucesso, é difícil que o ego saia do controle. Por melhor que um indivíduo da equipe esteja se sentindo com a própria situação, se a equipe perder, todos perdem, inclusive ele.

Kathryn notou que alguns de seus subordinados ainda não haviam concordado inteiramente com ela, então tentou outra abordagem.

— Ontem eu disse a vocês que meu marido é treinador de basquete na St. Jude's High School, em San Mateo.

— Ele é um ótimo técnico — acrescentou Nick. — Já recebia ofertas de emprego de faculdades desde que eu estava no ensino médio, e todos os anos ele as recusava. Ele é uma lenda.

Kathryn tinha orgulho do marido e ficou feliz com o comentário de Nick.

— Realmente, eu imagino que ele seja fenomenal e com certeza é muito bom no que faz. De qualquer maneira, ele se dedica integralmente ao time. E, por melhores que sejam suas equipes, poucos de seus alunos seguem jogando basquete quando entram na faculdade porque, na verdade, nem todos são tão talentosos assim. Eles vencem porque jogam um basquete de equipe e isso permite que superem times de jogadores mais talentosos e mais rápidos.

Nick estava assentindo com a certeza de alguém que havia perdido para o time da St. Judes muitas vezes.

– Bem, de vez em quando, Ken, o meu marido, recebe em seu time um jogador que não se importa muito com os resultados. Ou pelo menos não com os resultados do time. Eu me lembro de um rapaz, há alguns anos, que estava interessado apenas na própria estatística e em receber reconhecimento individual: entrar para a liga, ter foto nos jornais, esse tipo de coisa. Se o time perdia, ele continuava satisfeito, desde que tivesse feito pontos. E se ele não tivesse pontuado o suficiente, ficava chateado mesmo que o time tivesse vencido.

Jan ficou curiosa.

– O que seu marido fez em relação ao rapaz?

Kathryn sorriu, ansiosa para falar mais sobre Ken.

– Aí é que está a questão. Esse garoto era, sem dúvida, um dos mais talentosos do time. Mas Ken o deixou na reserva. O time jogava melhor sem ele, e, tempos depois, ele desistiu.

– Muito duro – JR comentou.

– É mesmo, mas no ano seguinte ele voltou com uma atitude bem diferente e acabou jogando pela faculdade de Saint Mary depois que terminou o ensino médio. Hoje, ele reconhece que aquele foi o ano mais importante da vida dele.

Jan ainda estava curiosa.

– Você acha que a maioria das pessoas desse tipo pode mudar?

Kathryn não hesitou em responder:

– Não. Para cada rapazinho como aquele, há 10 que nunca mudam. – O grupo pareceu impressionado com a resposta tão incisiva, e muitos estavam pensando em Mikey naquele momento.

– E, por mais duro que isso possa parecer, Ken sempre diz que seu trabalho é criar o melhor time possível, e não estimular a carreira de atletas individuais. E é assim que encaro o meu trabalho.

Jeff resolveu dirigir uma pergunta ao grupo.

– Alguém aqui jogou algum esporte coletivo no ensino médio ou na faculdade?

Kathryn queria parar a enquete de Jeff e mudar o rumo da conversa para a direção que havia planejado, mas decidiu que uma pequena discussão improvisada seria tão valiosa para a equipe quanto qualquer outra, desde que tivesse a ver com trabalho em equipe.

Nick contou que jogara beisebol na faculdade. Carlos fora de um time de futebol americano no ensino médio.

Martin anunciou com orgulho:

– Joguei futebol, mas o original.

Todos riram do colega europeu.

Mikey disse que praticava corrida no ensino médio.

Nick começou a questioná-la, já que corrida é um esporte individual, mas ela, espertamente, o interrompeu:

– Eu corria na prova de revezamento.

Kathryn lembrou a todos que fora jogadora de vôlei.

Jan contou que tinha sido animadora de torcidas e membro da equipe de dança.

– E se alguém aqui disser que não são considerados times, corto seu orçamento pela metade – ela acrescentou.

Todos riram.

Jeff confessou sua falta de aptidão atlética.

– Nunca entendi por que todo mundo acha que praticar esportes é a única forma de aprender sobre trabalho em equipe. Eu nunca fui muito ativo, nem quando era criança. Mas eu tocava na banda da escola e da faculdade, e acho que aprendi a trabalhar em grupo nessas atividades.

Kathryn viu uma oportunidade de recuperar o controle da discussão.

– Esse é um ótimo ponto! Em primeiro lugar, você definitivamente pode aprender sobre trabalho em equipe a partir de diversas atividades, na verdade com qualquer coisa que envolva um grupo de pessoas trabalhando juntas. Mas há um motivo pelo qual o esporte é tão predominante quando se trata de equipes. – A professora interior de Kathryn emergiu de repente, esperando para dar a seus alunos a chance de responder à próxima pergunta. – Alguém sabe qual é?

Como em tantas outras ocasiões em sala de aula, o grupo pareceu não ter a menor ideia. Mas Kathryn sabia que, se conseguisse aguentar o silêncio por um momento, logo alguém apareceria com alguma resposta. E dessa vez foi Martin.

– A pontuação. – Como sempre, Martin ofereceu pouco contexto para sua resposta.

– Explique melhor – Kathryn pediu, da mesma forma que teria feito com seus alunos.

– Bem, na maioria dos esportes, existe um placar que determina se você teve sucesso ou se fracassou. Há pouca margem para ambiguidades, ou seja... – Ele fez uma pausa para encontrar as palavras certas. – ... para o sucesso subjetivo, interpretativo, dirigido pelo ego, se é que vocês me entendem.

Vários membros da equipe balançaram a cabeça, demonstrando que concordavam com ele.

– Espere um segundo – disse JR. – Você está me dizendo que atletas não têm ego?

Martin parecia perdido, então Kathryn se meteu na conversa.

– Eles têm egos infladíssimos. Mas o ego dos grandes atletas está, em geral, ligado a um resultado claro: a vitória. Eles só querem vencer. Mais do que entrar na seleção principal, mais do que ter a própria foto em um álbum de figurinhas e, sim, mais do que ganhar dinheiro.

– Não sei se ainda existem muitos times com atletas assim hoje em dia, pelo menos entre os profissionais – Nick declarou.

Kathryn sorriu.

— E é essa a beleza. Os times que entendem isso têm mais vantagens do que todos os outros, porque seus adversários são apenas um grupo de indivíduos cuidando de si mesmos.

Mikey pareceu um pouco entediada e perguntou:

— O que isso tem a ver com uma empresa de softwares?

Mais uma vez, Mikey interrompeu a conversa. Mas Kathryn queria estimulá-la de qualquer jeito, embora já estivesse começando a duvidar da possibilidade de alguma mudança por parte daquela funcionária.

— Outra boa pergunta. Isso tem tudo a ver com a Decision-Tech. Nós vamos fazer com que nossos resultados coletivos sejam tão importantes quanto o saldo de gols em um jogo de futebol. Não vamos deixar margem para interpretações quando se tratar de nosso sucesso, porque isso só vai criar oportunidades para o ego de cada um começar a agir.

— Mas nós já não temos o nosso placar? — Mikey insistiu.

— Você está se referindo a lucros? — Kathryn indagou.

Mikey concordou e fez uma careta, como se dissesse "E o que mais?".

Kathryn prosseguiu, pacientemente.

— É claro que os lucros são grande parte disso. Mas estou falando mais de resultados de curto prazo. Se você deixar que o lucro seja o seu único parâmetro, não vai conseguir saber como a equipe está se saindo até que o campeonato esteja quase acabando.

— Agora estou confuso — admitiu Carlos. — O lucro não é a única pontuação que importa?

Kathryn sorriu.

— Acho que estou começando a ficar um pouco acadêmica aqui. Vou simplificar as coisas. Nosso trabalho é fazer com que os resultados que precisamos alcançar sejam claros a ponto de ninguém aqui nesta sala ao menos pensar em fazer algo apenas para ressaltar o próprio status ou ego. Porque isso diminuiria nossa capacidade de alcançar objetivos coletivos. Todos nós sairíamos perdendo.

Parecia que alguma coisa estava sendo assimilada, ainda que só um pouco, então Kathryn prosseguiu.

– O segredo, é claro, é definir nossos objetivos e nossos resultados de uma forma que seja simples o suficiente para que todos a entendam e específica o bastante para ser colocada em prática. Lucro não é um objetivo que possa ser colocado em prática. Ele precisa ser definido de maneira mais completa, todos os dias. E, para tanto, vamos ver se conseguimos fazer isso agora mesmo.

Objetivos

Kathryn dividiu a equipe em grupos de duas ou três pessoas e pediu que cada um propusesse uma lista de categorias que pudessem servir de base para o placar da equipe.

– Não quantifiquem nada por enquanto; apenas criem as categorias.

Em pouco tempo, o grupo havia pensado em mais de 15 categorias. Combinando algumas e eliminando outras, eles resumiram todas em sete: receita, despesas, aquisição de novos clientes, satisfação de clientes atuais, retenção de funcionários, consciência de mercado e qualidade do produto. Eles também decidiram que isso deveria ser medido mensalmente, porque esperar um trimestre inteiro para acompanhar os resultados não seria suficiente para detectar problemas e alterar as atividades necessárias.

Infelizmente, agora que a discussão estava voltando para o campo dos negócios, uma parte da leveza do ambiente tinha começado a se evaporar. Como sempre, as críticas entraram em cena.

Martin começou:

– Sinto muito, mas nada disso é novo, Kathryn. Esses são exatamente os mesmos parâmetros que temos usado nos últimos nove meses.

Foi como se parte da credibilidade de Kathryn estivesse diminuindo bem diante dos olhos deles.

JR acrescentou:

– Exatamente, e nada disso nos ajudou a aumentar a receita. Para ser honesto, acho que essas coisas só terão importância se fecharmos alguns contratos, e bem depressa.

Kathryn estava quase achando graça da previsibilidade do que estava se descortinando diante de seus olhos. No instante em que a realidade da empresa é reintroduzida em uma situação como essa, as pessoas reassumem os comportamentos que as colocaram naquela situação difícil, pensou. Mas ela estava preparada para lidar com isso.

– Ok, Martin. Você pode me dizer quais foram nossos objetivos de consciência de mercado no trimestre passado?

Mikey corrigiu a chefe.

– Nós chamamos isso de marketing.

– Tudo bem. – Ela se virou de novo para Martin. – Você pode me dizer exatamente qual era o nosso objetivo na área de marketing?

– Não, mas tenho certeza de que Mikey pode. Posso lhe dizer quais são nossas datas de desenvolvimento de produtos.

– Certo. Então me diga como nos saímos em termos de atividades de relações públicas. – Ela se dirigiu novamente a Martin, deixando claro que ele é que deveria saber a resposta.

Ele pareceu confuso.

– Ora, não sei. Imagino que Jeff e Mikey conversem sobre isso, mas suponho que não nos saímos muito bem, considerando o número de vendas.

Mikey estava extremamente calma, o que só fez com que seus comentários subsequentes soassem ainda mais desagradáveis.

– Olha, eu estava com os dados relativos ao meu setor em todas as reuniões passadas, mas ninguém me perguntou sobre eles. Além disso, não vou conseguir divulgação na imprensa se não vendermos nada.

Embora JR devesse estar mais chateado com aquele comentário do que qualquer outro membro da equipe, foi Martin quem respondeu. E fez isso com sarcasmo:

– Engraçado. Eu sempre achei que o marketing é que deveria levantar as vendas. Acho que entendi errado.

Quase como se não tivesse ouvido as críticas de Martin, Mikey continuou a se defender:

– Posso garantir a todos que os problemas que estamos enfrentando não se devem ao marketing. Na verdade, acho que meu departamento tem se saído muito bem, levando em conta as condições em que trabalhamos.

Carlos teve vontade de dizer "Mas seu departamento não pode ter se saído bem, porque a empresa está afundando, e isso quer dizer que todos nós estamos indo mal, e não há como cada um justificar o desempenho do próprio departamento...". Porém, ele não queria provocar Mikey ainda mais, pois achou que a colega poderia ficar agressiva sob pressão, e deixou passar.

Por mais que todos estivessem frustrados naquele momento, Kathryn tinha certeza de que uma discussão muito necessária estava prestes a acontecer. Mas, de repente, a conversa parou. E o assunto morreu.

Ponto sem nó

Kathryn estava decidida a não perder a oportunidade.
— Ok, acho que estou enxergando o problema nas entrelinhas.

Jeff sorriu e perguntou de maneira sarcástica, mas gentil.
— É mesmo?

Kathryn riu.
— Quando falo sobre focar em resultados e não em reconhecimento individual, quero dizer que todos devem adotar um conjunto de objetivos e parâmetros comuns e realmente usá-los para tomar decisões coletivas, todos os dias.

Vendo que eles não iriam ceder facilmente àquele ponto óbvio, Kathryn resolveu utilizar uma abordagem mais questionadora.

— Com que frequência vocês conversaram sobre transferir recursos de um departamento para outro no meio do trimestre, para garantir que alcançassem um objetivo?

O semblante de todos dizia "Nunca".

— E vocês eram participativos durante as reuniões em que os objetivos eram revistos em detalhes e quando se analisava o porquê de eles estarem ou não sendo alcançados?

Jeff explicou:
— Preciso dizer que eu achava que Mikey era responsável pelo marketing, Martin por desenvolver produtos e JR por fazer as vendas. Eu dizia alguma coisa sempre que possível, mas deixava que assumissem a responsabilidade pelas próprias

áreas. E lidei com os problemas deles pessoalmente sempre que pude.

Kathryn apelou mais uma vez para a analogia com esportes, esperando que isso fosse esclarecedor.

– Imaginem um treinador de basquete no vestiário, no intervalo da partida. Ele chama o pivô do time para conversar em particular em seu escritório sobre o primeiro tempo, depois faz o mesmo com o armador, o ala-armador, o ala e o ala-pivô, sem que nenhum deles saiba o que os outros falaram. Isso não é um time. É uma coleção de indivíduos.

E ficou claro para todos na sala que essa era exatamente a descrição da equipe da DecisionTech. Em um tom mais paciente, Kathryn continuou:

– Todos vocês são responsáveis pelas vendas, não apenas JR. Todos vocês são responsáveis pelo marketing, não apenas Mikey. Todos vocês são responsáveis pelo desenvolvimento de produtos, pelos serviços ao consumidor e pelas finanças. Isso está fazendo sentido?

Confrontados com a simplicidade e a veracidade do raciocínio de Kathryn e as inadequações óbvias do grupo, qualquer ilusão de unidade que havia sobrevivido ao primeiro dia e meio parecia ter desaparecido agora.

Nick balançou a cabeça e disse, como se não conseguisse mais se segurar:

– Sabe, eu só fico pensando se temos as pessoas certas sentadas ao redor desta mesa. Talvez precisemos de mais funcionários de peso que nos possibilitem as transações certas e desenvolvam estratégias de parceria pertinentes.

JR não ficou muito satisfeito com aquele ataque passivo contra as vendas. Só que, como sempre, ficou quieto. Mas Kathryn não.

– Vocês já viram os sites de seus concorrentes? – Alguns assentiram, sem saber aonde ela queria chegar. – Vocês conhecem o histórico das pessoas que dirigem essas empresas? – Ninguém falou nada. – Exatamente. Eles não têm ninguém com grandes conquistas em suas equipes. Por que vocês acham que eles estão se saindo melhor do que vocês?

Jeff, de forma tímida, deu uma explicação:

– Bem, a Wired Vineyard sempre teve parceria com a Hewlett--Packard. E atualmente a Telecart tira a maior parte de sua receita dos serviços de profissionais liberais.

Kathryn não pareceu convencida.

– E o que está impedindo vocês de formar parcerias ou ajustar seu plano de negócios, como eles fizeram?

Jan levantou a mão para falar, mas não esperou Kathryn lhe dar a palavra.

– Não me entenda mal, Kathryn, mas você poderia começar a dizer *nós* em vez de *vocês*? Agora você é a CEO e faz parte da equipe.

Todos fitaram Kathryn para ver como ela lidaria com aquele comentário ácido. Ela olhou para baixo, como se estivesse decidindo como reagir, e então voltou a encarar todos.

– Você tem razão, Jan. Não sou uma consultora aqui. Obrigada por chamar minha atenção para isso. Acho que ainda não me sinto parte do grupo.

– Sei como é isso.

A resposta de Jan surpreendeu toda a equipe.

– O que você quer dizer com isso? – Nick indagou.

– Bem, não sei como é com vocês, mas não me sinto conectada ao que está acontecendo fora do âmbito das finanças. Às vezes, me sinto como uma consultora. Em outras empresas onde trabalhei, sempre me envolvi mais nas vendas e operações, mas, neste momento, me sinto isolada.

Carlos concordou com Jan.

– É verdade, parece que não temos em mente os mesmos objetivos quando fazemos nossas reuniões de equipe. É quase como se cada um estivesse tentando obter mais recursos para o próprio departamento, ou evitasse se envolver em qualquer coisa fora de sua área. E vocês me acham ótimo porque me ofereço para ajudar, mas é assim que todo mundo trabalha na maioria das empresas onde estive.

– A politicagem por aqui é impressionante e resulta do fato de todos serem ambíguos demais sobre o que nós todos estamos tentando alcançar, o que faz com que seja fácil focarmos nosso sucesso individual – comentou Kathryn, que, mesmo aliviada ao ver que algumas pessoas na sala estavam começando a pegar o espírito da coisa, foi pega de surpresa pelo seguinte comentário de Nick:

– Um momento. Concordo que não somos o grupo de executivos mais capacitado do Vale, mas você não acha que está indo longe demais quando diz que fazemos politicagem?

– Não. Acho que, entre os grupos que conheço, este é um dos que mais faz isso.

Quando as palavras saíram de sua boca, Kathryn percebeu que poderia ter sido um pouco mais delicada. Na mesma hora, ela sentiu que as pessoas estavam prestes a desafiar sua pesada crítica. Até Jeff ficou contrariado.

– Sei lá, Kathryn. De repente você acha isso porque nunca trabalhou em empresas de alta tecnologia. Já trabalhei em lugares onde esses joguinhos políticos aconteciam o tempo todo e não acho que estejamos nesse nível.

Kathryn queria responder, mas decidiu deixar que os outros extravasassem primeiro. Nick disparou:

– Acho que estamos na média, baseado no que ouço de outros executivos. Não se esqueçam de que esse é um mercado difícil.

Mickey aproveitou a deixa para atacar:

– Concordo. Você chegou à empresa em um momento incomum, e fazer uma afirmação dessas depois de apenas poucas semanas no cargo é uma atitude bastante impensada.

Embora os colegas não concordassem com sua forma ríspida de fazer o comentário, Mikey sabia que eles não iriam desafiá-la dessa vez, pois correriam o risco de perder pontos com a nova

chefe. Kathryn esperou até que não houvesse mais nenhum comentário e, então, falou:
— Em primeiro lugar, sinto muito por meu comentário ter soado petulante. Vocês têm razão quando dizem que não trabalhei na área de alta tecnologia e por isso meu parâmetro pode estar um pouco inadequado. — Ela deixou que todos absorvessem aquele pedido parcial de desculpas antes de continuar, tendo o cuidado de não iniciar a próxima frase com um *mas*. — E certamente não quero ser condescendente com vocês, porque isso não vai nos ajudar a chegar aonde precisamos ir.

Kathryn percebeu que alguns membros da equipe — Jan, Carlos e Jeff — acreditaram em sua afirmativa, o que era sua real intenção. Ela prosseguiu:
— Ao mesmo tempo, não quero subestimar a situação muito perigosa na qual nos encontramos. Temos grandes problemas, e observei este grupo por tempo suficiente para saber que existe, sim, muita politicagem por aqui. — Mesmo reconhecendo a inquietação de seu pessoal com a maior gentileza possível, Kathryn não estava disposta a voltar atrás. — E, francamente, prefiro superestimar o problema a subestimá-lo. Mas somente pelo bem da equipe, não em benefício próprio. Tenham certeza disso.

Graças ao seu comportamento consistente no dia e meio que já havia se passado, e também à confiança que Kathryn passou ao fazer esse comentário, a maior parte da equipe deu crédito a ela.

Nick franziu a sobrancelha, mas Kathryn não entendeu se era por ele estar nervoso ou confuso. Era a segunda opção.
— Talvez você possa nos dizer o que exatamente quer dizer com politicagem.

Kathryn pensou por um momento e respondeu como se tivesse decorado o trecho de um livro:
— Politicagem é quando as pessoas escolhem suas palavras e ações baseadas em como querem que os outros reajam, em vez de basear-se no que realmente pensam.

Todos ficaram em silêncio. Martin, sério como sempre, quebrou o gelo:

– Ok, nós, definitivamente, fazemos isso.

Embora não tenha tido a intenção de ser engraçado, Carlos e Jan gargalharam. Jeff apenas sorriu e assentiu com a cabeça.

Por mais que os pontos que estava levantando fossem convincentes, Kathryn percebeu que alguns membros do grupo ainda estavam tentando decidir se aceitavam suas ideias ou se as atacavam. Logo ficou bem claro que o próximo passo seria o ataque.

Ataque

Para a surpresa de Kathryn, foi JR quem a desafiou, e ele não foi exatamente gentil:

— Você não vai nos fazer esperar três semanas para descobrir quais são as outras disfunções, vai? Será que poderia nos dizer logo quais são elas, para podermos entender o que não está funcionando e seguir em frente?

Por si só, o comentário teria sido inofensivo, talvez até resultado de simples curiosidade. Mas naquele momento, naquele tom e dada a natureza em geral afável do interlocutor, aquele fora o comentário mais rude feito no retiro até o momento.

Se Kathryn fosse uma executiva menos confiante, teria ficado abalada. E, por um instante, ela quase se permitiu ficar decepcionada ao ver que a boa vontade que pensava estar gerando tinha se dissipado com tanta rapidez. Mas então ela percebeu que para provocar uma real mudança no grupo precisava exatamente disto: resistência.

Por mais que quisesse seguir o plano que fizera e ir revelando aos poucos seu simples modelo, Kathryn decidiu aceitar o conselho de JR.

— Sem problemas. Vamos às outras disfunções agora mesmo.

EXPLICAÇÃO

Kathryn foi ao quadro branco, mas, antes de preencher o segundo espaço de baixo para cima, fez uma pergunta:
– Por que vocês acham que confiança é importante? Entre os membros de uma equipe, qual é a desvantagem prática de um não confiar no outro?
Depois de alguns segundos de silêncio, Jan se manifestou.
– Problemas de motivação. Ineficiência.
– Você generalizou um pouco. Procuro uma razão bem específica para que a confiança seja necessária.
Ninguém parecia disposto a responder, então Kathryn logo se adiantou. Acima de *falta de confiança*, ela escreveu *medo de conflitos*.

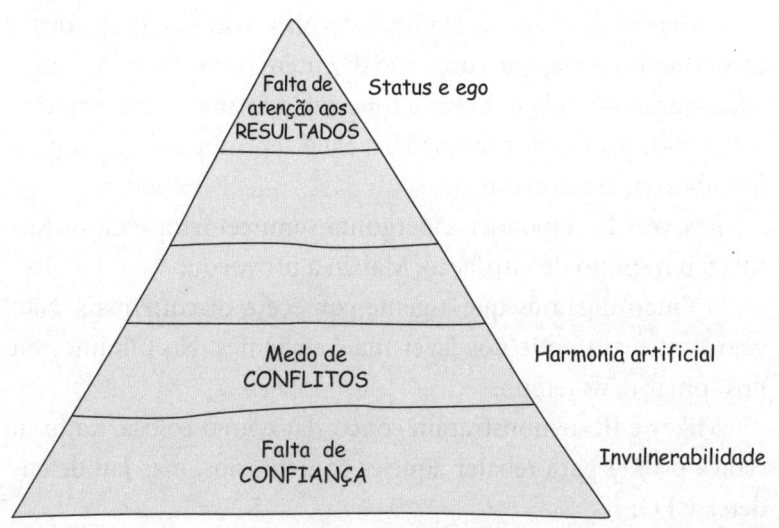

Falta de atenção aos RESULTADOS — Status e ego

Medo de CONFLITOS — Harmonia artificial

Falta de CONFIANÇA — Invulnerabilidade

– Se não confiamos uns nos outros, então não nos envolvemos em conflitos construtivos e ideológicos, e continuamos preservando um senso de harmonia artificial.

Nick retrucou:
– Mas temos muitos conflitos e bem pouca harmonia, devo acrescentar.

Kathryn balançou a cabeça, discordando.
– Não. O ambiente de vocês é tenso, mas quase não há conflitos construtivos. Comentários passivos e sarcásticos não se encaixam no tipo de conflito ao qual estou me referindo.

Carlos interveio:
– Mas por que a harmonia seria um problema?
– A falta de conflito é que é o problema. A harmonia em si é positiva se for resultante de questões trabalhadas constantemente e da resolução de conflitos. Mas se ela existe apenas porque as pessoas não expressam suas opiniões e preocupações, então passa a ser negativa. Eu trocaria esse falso tipo de harmonia pela disposição da equipe para discutir uma questão com eficiência e, em seguida, ir embora sem qualquer dano colateral.

Carlos entendeu a explicação. Kathryn foi ainda mais fundo:
– Depois de observar algumas de suas reuniões, posso dizer, com toda a certeza, que vocês não discutem muito bem. Às vezes, a frustração de cada um vem à tona sob a forma de comentários sutis, mas, com maior frequência, ela é reprimida e levada para fora da sala. Estou certa?

Em vez de responder à pergunta semirretórica e dar a Kathryn o mínimo de satisfação, Martin a provocou:
– Então digamos que a gente comece a discutir mais. Não vejo como isso pode nos fazer mais eficientes. No mínimo, vai nos tomar mais tempo.

Mikey e JR demonstraram concordar com o colega. Kathryn estava pronta para rebater aqueles comentários, mas Jan defendeu a CEO:

– Vocês não acham que perdemos tempo quando deixamos de discutir algumas questões? Há quanto tempo temos falado sobre terceirizar o setor de informática? Acho que falamos sobre isso em todas as reuniões e metade do grupo é a favor e a outra é contra, e o assunto continua indefinido porque um não quer deixar o outro chateado.

Carlos acrescentou, com uma convicção que ele não costumava demonstrar:

– E, ironicamente, isso é exatamente o que nos deixa mais chateados.

Martin estava cada vez mais convencido e querendo aprender sobre o restante do modelo.

– Ok, qual é o próximo item?

Isso era o mais próximo que Martin chegaria de reconhecer que estava levando em consideração as ideias de Kathryn.

Kathryn voltou ao quadro branco.

– A próxima disfunção de uma equipe é a *falta de comprometimento* e a incapacidade de assimilar o que ficou decidido. – Ela escreveu essa disfunção acima da anterior. – E a evidência de que isso existe é a *ambiguidade*.

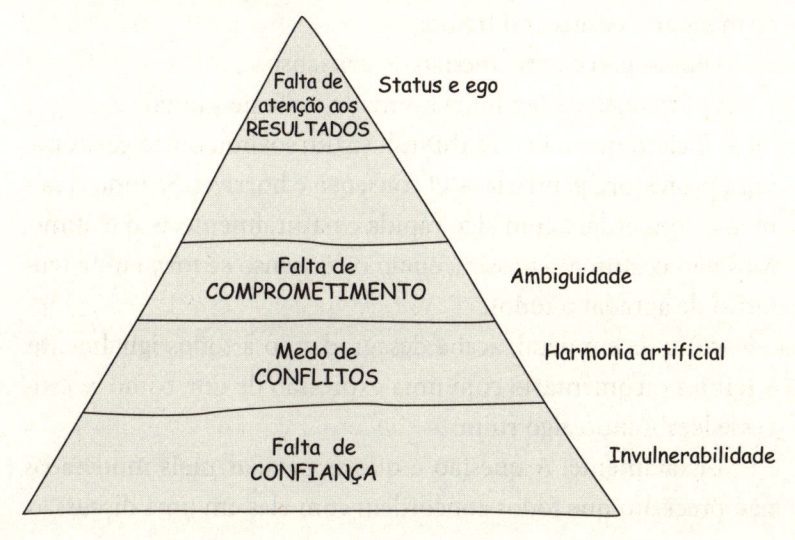

```
                    Falta de
                   atenção aos      Status e ego
                   RESULTADOS

                    Falta de
                 COMPROMETIMENTO     Ambiguidade

                    Medo de
                   CONFLITOS         Harmonia artificial

                    Falta de
                   CONFIANÇA         Invulnerabilidade
```

Nick estava se envolvendo novamente.

– Comprometimento? Parece uma reclamação que a minha mulher fazia antes de nosso casamento – disse ele, e o grupo riu daquela piada sem graça.

Kathryn estava preparada para isso.

– Estou falando de comprometer-se com um plano ou uma decisão e ter a adesão clara de todos. É por isso que o conflito é tão importante.

Com toda a sua inteligência, Martin não teve medo de admitir que não tinha entendido. Kathryn explicou:

– É muito simples. Quando as pessoas não expressam suas opiniões e não sentem que foram ouvidas, elas não se comprometem.

– A menos que você as obrigue – comentou Nick. – Imagino que seu marido não deixe os jogadores votarem se querem ou não treinar.

Kathryn gostou do desafio.

– Não, mas ele os deixaria explicar por que acham que não deveriam treinar. E se discordasse deles, o que nessa situação eu tenho certeza de que seria o caso, ele explicaria o porquê e depois os mandaria começar o treino.

– Então não é uma questão de consenso.

A afirmação de Jan foi, na verdade, uma pergunta.

– É claro que não – Kathryn insistiu, soando outra vez como uma professora primária. – O consenso é horrível. Se todos realmente concordam com algo rápida e naturalmente, isso é ótimo. Mas não costuma ser assim, então o consenso se torna uma tentativa de agradar a todos.

– O que, em geral, acaba desagradando a todos igualmente.

– Jeff fez o comentário com uma expressão de dor, como se estivesse lembrando algo ruim.

– Exatamente. A questão é que as pessoas mais moderadas não precisam que todos concordem com elas em uma discussão.

Elas apenas necessitam ser ouvidas e saber que suas contribuições na discussão foram consideradas e comentadas.

– E onde a falta de comprometimento entra em cena? – Nick quis saber.

– Bem, algumas equipes ficam paralisadas diante da necessidade de unanimidade e de sua incapacidade de ir além dos debates.

JR se manifestou:

– Discordar e se comprometer.

– Como? – Kathryn quis que ele explicasse.

– Na última empresa em que trabalhei, nós chamávamos isso de "discordar e se comprometer". Você pode discutir sobre algo e discordar, mas, assim mesmo, se comprometer com o que foi decidido, como se todos tivessem concordado completamente desde o início.

Isso esclareceu muito as coisas para Jeff:

– Ok, estou entendendo onde o conflito entra. Mesmo que as pessoas estejam geralmente dispostas a se comprometer, a coisa vai mudar de figura porque...

Carlos o interrompeu:

– ... porque precisam avaliar antes de se comprometer de verdade com o que ficou decidido.

Todos pareceram ter entendido.

– Qual é a última disfunção? – Todos se surpreenderam ao ver que Mikey formulara a pergunta, e ela parecia realmente interessada na resposta.

Kathryn foi até o quadro para preencher o último espaço vazio. Antes disso, Martin havia aberto o laptop e começado a digitar. Todos ficaram em silêncio. Kathryn parou e olhou para seu diretor técnico, que parecia não fazer ideia da tensão criada na sala.

E, de repente, ele se deu conta.

– Ah, não. Eu estou... na verdade, estou fazendo anotações sobre isso. Olhem. – Ele tentou mostrar o que estava na tela.

Todos acharam graça da ansiedade de Martin em explicar seu comportamento e não querer violar as regras da equipe. Kathryn riu, satisfeita por ver que ele tinha se entusiasmado de repente com o que estava acontecendo.

– Tudo bem, acreditamos em você. Vou deixar passar desta vez.

Kathryn olhou para o relógio e percebeu que o grupo não fazia um intervalo havia horas.

– Está tarde. Vamos fazer uma pausa de meia hora. Terminaremos depois.

Kathryn pensou ter notado algum desapontamento no rosto de todos ao redor da mesa, e JR foi altivo o suficiente para que ela percebesse que estava certa.

– Vamos continuar e descobrir esse último. – Em seguida, acrescentou, bem-humorado: – Acho que ninguém aqui vai conseguir relaxar se não souber do que se trata.

Por mais sarcástico que o comentário tivesse parecido, escondido sob aquele humor estava um sutil mas inegável senso de reconhecimento. O tom de suas palavras foi importantíssimo para que ele demonstrasse reconhecer a rudeza de seu comentário anterior e a validade do que Kathryn estava explicando.

```
              /\
             /  \
            /Falta de\      Status e ego
           /atenção aos\
          /RESULTADOS  \
         /──────────────\
        /    Evitar      \
       / RESPONSABILIZAR  \   Baixos padrões
      /    os outros       \
     /──────────────────────\
    /       Falta de         \
   /    COMPROMETIMENTO       \  Ambiguidade
  /────────────────────────────\
 /          Medo de              \
/          CONFLITOS              \  Harmonia artificial
/──────────────────────────────────\
/            Falta de                \
/          CONFIANÇA                  \  Invulnerabilidade
/──────────────────────────────────────\
```

Assim, ela ficou feliz em atendê-lo. Voltou ao quadro e escreveu *evitar responsabilizar os outros*.

Então explicou:

– Uma vez que alcançamos a clareza e assumimos um compromisso, chega a hora de responsabilizarmos uns aos outros pelo que decidimos fazer, para alcançarmos altos padrões de desempenho e comportamento. E, por mais simples que isso possa parecer, a maior parte dos executivos detesta esse procedimento, principalmente quando é motivado pelo comportamento de um colega, pois quer evitar conflitos interpessoais.

– O que exatamente você quer dizer com isso? – Jeff indagou.

– Estou falando sobre aqueles momentos em que você sabe que precisa chamar a atenção de um de seus colegas por algo importante, mas decide deixar para lá porque não quer ter aquela sensação que temos quando...

Ela fez uma pausa e Martin terminou a frase para ela.

– ... quando você precisa dizer a alguém para não checar e-mails durante as reuniões.

– Exatamente – confirmou Kathryn, agradecida.

Carlos acrescentou:

– Eu odeio ter de fazer coisas desse tipo. Não gosto de dizer a alguém que seus padrões estão muito baixos. Prefiro tolerar e evitar... – Ele tentou pensar na melhor descrição que poderia dar.

Jan o ajudou:

– ... o desconforto interpessoal.

Carlos concordou e continuou:

– Isso mesmo, acho que é isso aí. – Ele refletiu por um instante e prosseguiu. – Mas é esquisito. Não tenho tanto problema para dizer o que penso aos meus subordinados diretos. Acho que os faço assumir responsabilidades o tempo todo, mesmo que se trate de uma tarefa complicada.

Kathryn ficou extasiada com aquele comentário.

– Certo. Por mais que, algumas vezes, seja difícil entrar na zona de perigo com seus subordinados e confrontá-los com algo complicado, é ainda pior fazer o mesmo com os colegas da equipe de executivos.
– Por que isso acontece? – Jeff quis saber.
Antes que Kathryn respondesse, Nick explicou:
– Porque estamos no mesmo nível hierárquico. Quem sou eu para dizer a Martin, Mikey ou Jan como fazer seu trabalho? Parece que estou me metendo onde não sou chamado.

Kathryn foi um pouco além na explicação:
– A relação entre colegas é certamente uma das questões que faz com que os membros de uma equipe achem difícil responsabilizar uns aos outros. Mas há algo mais.

Ninguém parecia ter a mínima ideia do que seria, e Kathryn estava pronta para esclarecer. Nesse instante, o rosto de Mikey se iluminou, como se ela tivesse acabado de resolver um enigma.
– Falta de adesão.
– O quê? – Nick perguntou.
– Falta de adesão. As pessoas não vão chamar a atenção umas das outras se não tiverem aderido claramente ao mesmo plano.

Kathryn ficou surpresíssima diante daquela improvável aluna brilhante. E, como se não bastasse, Mikey prosseguiu:
– Isso realmente faz sentido.

Todos se entreolharam, como se dissessem "Você ouviu o que eu ouvi?".

Nesse clima, Kathryn declarou que estava na hora do último intervalo do dia.

Filme *noir*

Por mais equipes que Kathryn tivesse formado ou recuperado, ela nunca se acostumava à sensação de testemunhar os inevitáveis altos e baixos. "Por que não podemos fazer todos os progressos de uma só vez?", perguntava a si mesma.

Na teoria, agora que Mikey e Martin estavam demonstrando interesse, deveria ser relativamente fácil fazer a equipe funcionar. Mas Kathryn sabia que a realidade não costumava seguir a teoria; ela ainda tinha um longo caminho a percorrer. Dois anos de reforço comportamental em torno de politicagens é algo difícil de quebrar, e um seminário, por mais envolvente que seja, não é capaz de solucionar o problema. A parte dolorosa do processo ainda estava por vir.

Poucas horas antes do fim do primeiro retiro, Kathryn sentiu-se tentada a terminar a sessão mais cedo e mandar todo mundo de volta ao trabalho relativamente motivado. Mas ela achou que isso faria com que duas horas críticas tivessem sido em vão. Ela precisava fazer logo o maior progresso possível, para ter certeza de que a equipe não se sentiria tentada a reduzir os próprios esforços.

Quando o grupo retornou do intervalo, Kathryn resolveu introduzir um tópico de discussão relativamente divertido, que tinha a ver com conflitos e que manteria o interesse de todos até o fim do dia.

– Vamos falar mais um pouco sobre conflitos.

Ela sentiu certo desânimo do grupo diante da perspectiva de discutir um assunto tão delicado. Mas Kathryn, na verdade, estava ansiando por aquela parte.

– Alguém pode me dizer qual é o principal contexto em que ocorrem conflitos?

Após uma pausa, Nick arriscou:

– Reuniões?

– Exato. Se não aprendermos a nos envolver em conflitos ideológicos e produtivos durante as reuniões, estaremos perdidos.

Jan sorriu. Kathryn continuou:

– E não estou brincando quando digo isso. Nossa habilidade de nos envolver em debates acalorados e sem papas na língua sobre o que precisamos fazer para alcançar o sucesso determinará nosso futuro tanto quanto os produtos que desenvolvemos ou as parcerias que fazemos.

Era fim de tarde, e Kathryn percebia que a equipe estava entrando em estado de letargia pós-almoço. Parecia que suas palavras não estavam sendo bem assimiladas, e ela teria que tornar aquilo interessante se quisesse ter alguma chance de levar a equipe a ser participativa.

– Quantos de vocês prefeririam ir a uma reunião a ir ao cinema?

Ninguém levantou a mão.

– Por que não?

Após uma pausa, Jeff percebeu que a pergunta de Kathryn não era retórica e respondeu:

– Porque filmes são mais interessantes. Até os ruins.

Os colegas riram, assim como Kathryn.

– Certo. Mas, se você pensar bem, as reuniões deveriam ser pelo menos tão interessantes quanto os filmes. Meu filho, Will, fez faculdade de cinema, e aprendi com ele que reuniões e filmes têm muito em comum.

O grupo pareceu confuso, mas pelo menos Kathryn tinha atraído o interesse de todos naquele momento.

– Pensem sobre isso da seguinte maneira: um filme dura em média entre 90 minutos e duas horas. As reuniões de equipe também.

Todos concordaram movendo a cabeça, de forma educada.

– E as reuniões são interativas, ao passo que os filmes não são. Não podemos gritar para o ator na tela "Não entre na casa, seu tolo!".

A maioria do grupo riu. "Será que eles estão mesmo começando a gostar de mim?", Kathryn se perguntou, em um breve e raro momento de insegurança.

Ela continuou:

– E, o mais importante, os filmes não têm impacto real em nossa vida. Eles não exigem que tomemos determinadas atitudes com base no fim da história. Por outro lado, as reuniões são, ao mesmo tempo, interativas e relevantes. Podemos nos expressar, e o resultado de qualquer discussão costuma ter um impacto muito concreto em nossa vida. Então por que tememos as reuniões?

Ninguém respondeu, então Kathryn os instigou.

– Vamos lá, por que esse ódio todo?

– Elas são chatas. – Mikey parecia mais feliz do que deveria com a própria resposta.

– Certo. E para entender por quê, tudo o que precisamos fazer é compará-las aos filmes.

Agora, o grupo estava começando a recuperar o interesse no que ela dizia. Kathryn prosseguiu:

– Não importa se é um filme de ação, um drama ou uma comédia, todos precisam ter um ingrediente básico para serem bons. Qual seria ele?

Martin respondeu secamente:

– Bem, já que o assunto é esse, suponho que seria o conflito.

– Acho que deixei subentendido, certo? Todo bom filme tem um conflito. Sem ele, nós simplesmente não nos importamos com o que acontece com os personagens.

Kathryn fez uma pausa de efeito antes de dizer a próxima frase.

– Podem ter certeza de que, de agora em diante, todas as reuniões de equipe serão repletas de conflitos. E não serão tediosas. Se não houver nada que valha a pena ser debatido, então não teremos reunião.

A equipe pareceu gostar do que ouviu, e Kathryn quis cumprir sua promessa imediatamente.

– Portanto, vamos começar agora mesmo. – Ela olhou para o relógio. – Temos quase duas horas antes de terminar por hoje, então pensei em termos nossa primeira reunião de tomada de decisões importantes.

Nick se opôs, com uma expressão séria no rosto.

– Kathryn, não sei se consigo fazer isso. – Surpreendido, o grupo esperou pela explicação. – Isso não estava previsto no cronograma.

Todo mundo, inclusive Jeff, riu da provocação bem-humorada ao ex-CEO.

APLICAÇÃO

Kathryn não perdeu tempo.

– Ok, o negócio é o seguinte: antes do fim desta reunião, vamos estabelecer algo que chamo de objetivo central para o resto do ano. Não há motivo algum que nos impeça de fazer isso neste instante, neste lugar. Por favor, alguém se arrisque e dê um palpite.

– O que você quer dizer exatamente? – Jan perguntou. – Tipo um tema?

– Isso. A questão que precisa ser respondida é a seguinte: se vamos fazer algo entre agora e o fim do ano, o que deve ser?

Nick e JR responderam em uníssono:

– Participação no mercado.

Vários membros da equipe concordaram balançando a cabeça, exceto Martin e Jan. Kathryn quis saber a opinião dos dois.

– Parece que vocês dois não concordaram. Em que estão pensando?

Martin explicou:

– Acho que é a melhoria do produto.

Jan acrescentou:

– E penso que a contenção de custos deveria ser nossa prioridade máxima.

Kathryn resistiu à tentação de fazer comentários sobre aquelas sugestões.

– Alguém tem algo a dizer a eles?

JR se pronunciou:

– Acho que nossa tecnologia é tão boa quanto a de nossos concorrentes mais importantes, ou até superior. Mas, mesmo assim, eles estão se saindo melhor do que nós. Se ficarmos muito atrás deles em termos de participação no mercado, a qualidade de nossos produtos não vai fazer diferença.

Martin franziu ligeiramente a testa.

– Se for esse o caso, então imagine a situação se nossos produtos forem inferiores aos do mercado.

Até Carlos, o pacificador, perguntou:

– Não podemos ter mais do que um objetivo central?

Kathryn meneou a cabeça, fazendo que não, e comentou:

– Se tudo for importante, então nada é importante. – Ela resistiu a dar mais explicações, desejando que o grupo refletisse mais.

Jan insistiu:

– Alguém pode me dizer por que o objetivo não pode ser a contenção de custos?

Mikey respondeu de imediato:

– Porque se não encontrarmos uma maneira de ganhar dinheiro, não vai adiantar nada evitar gastos.

Por mais irritante que tenha sido o tom de Mikey, era impossível discordar dela. Até Jan demonstrou concordar.

Kathryn fez um comentário:

– Esta é a conversa mais produtiva que ouvi desde que cheguei aqui. Continuem.

Essa afirmativa foi suficiente para dar a Jeff a coragem de que precisava para expressar a própria opinião:

– Acho que conseguir mais participação no mercado não é o objetivo correto neste momento. Não sabemos qual é o real tamanho do mercado nem para onde ele está se encaminhando.

– Ele fez uma pausa enquanto decidia o que dizer a seguir. – Acho que precisamos de mais clientes bons. O fato de termos 20 a mais ou 20 a menos que os nossos concorrentes não me parece tão importante.

Mikey interveio:
— Isso é o mesmo que participação no mercado.
— Não acho — Jeff retrucou, mas não de maneira defensiva.
Mikey revirou os olhos. Nick quis evitar que o embate do dia anterior com Mikey se repetisse, e comentou:
— Não faz a menor diferença se chamamos isso de participação no mercado ou de clientes. Precisamos é vender.
Agora, Kathryn entrou na discussão.
— Acho que faz diferença, sim. O que você acha, JR?
— Acho que Jeff está certo. Se tivermos um número suficiente de clientes sólidos, do tipo que seja uma referência ativa para a empresa, então estaremos bem. Para ser honesto, nesse ponto não me interessa o que nossos concorrentes estão fazendo. Levar isso em conta me parece mais uma distração do que qualquer outra coisa... pelo menos até começarmos a colocar a mão na massa e o mercado tomar forma.
Martin agora pareceu irritado.
— Mas este é o mesmo tipo de conversa que temos em todas as reuniões. Se não é participação no mercado versus receita, é retenção de clientes versus satisfação. Tudo isso me soa teórico demais.
Kathryn ficou em silêncio por um instante enquanto o grupo digeria o comentário de Martin. Então perguntou:
— Como essas conversas costumavam terminar?
Martin deu de ombros.
— Acho que o tempo acabava e não chegávamos a conclusão alguma.
— Muito bem. Vamos terminar esta conversa dentro de cinco minutos. Alguém aqui acredita que a base para os próximos nove meses deve ter a ver com participação no mercado, clientes, receita ou o quê? Se alguém acha que estamos no caminho errado, fale agora, para que todos possam ouvir.
As pessoas se entreolharam e deram de ombros, como se quisessem dizer "Não consigo pensar em nada melhor".

– Ótimo. Então vamos ser mais claros. Eu gostaria de ouvir alguém defendendo com paixão que devemos focar a receita. JR, que tal você?

– Bem, nós podemos argumentar que o foco deve ser a receita pelo fato de precisarmos de dinheiro. Mas, para falar a verdade, nesta altura do campeonato acho que isso é muito menos relevante do que provar ao mundo que existem clientes que estão interessados em nossos produtos. A receita não é tão importante quanto fechar contratos e conseguir novos clientes. Isso faz sentido?

– Faz todo o sentido para mim. Bem, não estou ouvindo ninguém dizer que a receita é nosso objetivo mais importante.

Jan semicerrou os olhos e falou:

– Você está querendo dizer que não precisamos ter um objetivo em termos de receita?

– Não. É claro que teremos um objetivo relativo a receita, mas ela não é a nossa medida mais importante de sucesso neste momento. Estamos limitados à participação no mercado e a novos clientes. Alguém poderia me dizer por que participação no mercado é a resposta certa? Mikey?

– Os analistas e a imprensa definem o sucesso baseados na participação no mercado. É simples assim.

Martin discordou.

– Não, Mikey. Sempre que sou entrevistado como cofundador da empresa, as pessoas me perguntam sobre nossos principais clientes. Elas querem o nome deles e de pessoas que estão dispostas a responder por nós.

Mikey deu de ombros. Kathryn a desafiou:

– Você está dando de ombros porque não concorda e desistiu de discutir ou porque acha que o argumento dele é mais convincente que o seu?

Mikey pensou por um instante.

– A segunda hipótese.

– Ok. Agora só temos a conquista de novos clientes. Alguém me diga por que esse deve ser nosso objetivo principal.

Carlos se pronunciou:

– Porque a imprensa poderia noticiar esse feito. Isso traria mais confiança aos nossos funcionários, forneceria a Martin e seus engenheiros mais opiniões sobre nossos produtos e nos daria referências para conseguirmos mais clientes no ano que vem.

JR concordou.

– Sem falar nas vendas subsequentes.

– Senhoras e senhores – Kathryn anunciou –, a menos que nos próximos cinco segundos eu ouça algo extremamente persuasivo, que me faça pensar diferente, acredito que chegamos a um objetivo principal.

Os membros da equipe se entreolharam, como se quisessem dizer "Nós estamos mesmo concordando em alguma coisa?".

Mas Kathryn ainda não havia terminado. Ela queria detalhes.

– Quantos novos clientes precisamos conseguir?

O grupo parecia revigorado pela natureza tangível da discussão. Nos 30 minutos que se seguiram, eles debateram em busca de uma resposta para Kathryn.

Jan defendeu o maior número possível, seguida por Nick e Mikey. JR ficou frustrado e argumentou com veemência em favor de um número menor, desejando manter sua cota baixa para não desestimular o pessoal de vendas. Jeff, Carlos e Martin ficaram em cima do muro.

Quando o debate começou a perder força, Kathryn se meteu na conversa:

– Bom, a menos que alguém queira falar alguma coisa, acho que ouvi a opinião de todos nesta sala. E é provável que não concordemos totalmente, o que não é um problema. Vou determinar o número com base em suas informações e vamos nos fixar nele. – Ela fez uma pausa e prosseguiu. – Jan, não vamos fechar 30 contratos neste ano, apesar de eu saber que você gostaria muito de registrar essa receita em seus livros. E JR, entendo o seu desejo de manter sua equipe motivada, mas 10 não é suficiente. Nossos concorrentes estão fazendo mais do que o dobro disso, e os analistas vão reclamar se concordarmos com essa meta.

JR não ofereceu resistência ao raciocínio de Kathryn. Ela continuou:

– Acho que, se pudermos fechar em 18 novos clientes, com pelo menos 10 dispostos a serem referências ativas, vamos nos sair bem.

Ela fez uma pausa para permitir que fizessem os últimos comentários. Quando ninguém se pronunciou, ela decretou:

– Combinado. Nós teremos 18 novos clientes até o dia 31 de dezembro.

Ninguém podia negar que, em 20 minutos, a equipe havia feito mais progresso do que em várias reuniões por mês. Na hora seguinte, eles fizeram planos sobre a nova meta, discutindo o que cada um faria para tornar possível o fechamento de 18 novos contratos.

Faltando 15 minutos para o final do retiro, Kathryn decidiu concluir o encontro.

– Ok, vamos terminar por aqui. Teremos mais reuniões na semana que vem, quando poderemos nos aprofundar em algumas dessas e outras questões críticas.

O grupo pareceu aliviado pelo término do retiro. Kathryn perguntou:

– Alguém tem algum comentário ou alguma dúvida a manifestar antes de irmos embora?

Ninguém queria dizer nada que pudesse atrasar a saída, mas Nick resolveu fazer um comentário:

– Queria dizer que acho que fizemos mais progresso nesses últimos dois dias do que pensei que faríamos.

Jan e Carlos assentiram movendo a cabeça. Para a surpresa de todos, Mikey não revirou os olhos.

Kathryn não tinha certeza se Nick estava tentando ganhar pontos com ela ou se ele realmente apreciara o que havia acontecido. Ela decidiu dar a ele o benefício da dúvida e tomar o elogio como sincero.

E então JR falou:

— Concordo com ele. Concluímos muita coisa aqui, e alcançar essa clareza em relação ao nosso objetivo principal realmente vai nos ajudar.

Kathryn sentiu que ele ainda não havia terminado. E estava certa. JR prosseguiu:

— Só estava pensando se precisamos continuar a fazer esses retiros. Quero dizer, fizemos um grande progresso e vamos ter que trabalhar muito nos próximos meses para fechar contratos. Talvez possamos apenas ver como as coisas vão...

Ele não terminou a frase. Martin, Mikey e Nick concordaram com JR, balançando a cabeça cuidadosamente.

A sensação que Kathryn experimentara apenas alguns minutos antes, de ter alcançado um bom resultado, diminuiu de maneira significativa. Por mais que desejasse colocar um fim rápido e drástico à sugestão de JR, ela esperou para ver ser alguém faria isso em seu lugar. Quando pensou que ninguém a ajudaria, Jeff se manifestou e demonstrou que havia de fato levado em consideração muitas das ideias de Kathryn.

— Acho que cancelar nossa próxima sessão seria uma péssima ideia. Quando voltarmos ao trabalho, vai ser muito fácil acabarmos fazendo a mesma coisa que vínhamos fazendo nos últimos dois anos, e que nos trouxe até este ponto. E, por mais doloroso que tenha sido ficar aqui sentado nesses dois dias e perceber quanto fracassei em tentar nos levar a trabalhar em equipe, sei que ainda temos um longo caminho pela frente.

Jan e Carlos assentiram movendo a cabeça.

Kathryn aproveitou a ocasião para preparar a equipe para o que estava por vir. Ela dirigiu seu comentário a JR e Nick:

– Agradeço seu desejo de passar o maior tempo possível fechando contratos. – Ela não estava sendo completamente honesta, mas queria evitar bater de frente com eles tão cedo assim.

– Entretanto, quero lembrá-los do que eu disse no começo da sessão de ontem. Temos mais dinheiro, melhor tecnologia e executivos mais talentosos e experientes do que nossos concorrentes, mas estamos atrás deles. O que nos falta é trabalho em equipe, e posso garantir que não tenho prioridade maior como CEO do que fazer com que vocês, quero dizer, nós sejamos um grupo mais eficiente.

Mikey, Martin e Nick pareciam estar se acalmando, mas Kathryn prosseguiu:

– E o que vou dizer agora é mais importante do que qualquer outro comentário que fiz desde que chegamos aqui. – Ela fez uma pausa de efeito. – Durante as próximas duas semanas, vou ser bastante intolerante com comportamentos que demonstrem falta de confiança ou foco no ego. Vou estimular o conflito, exigir comprometimentos claros e esperar que todos vocês cobrem responsabilidades uns dos outros. Vou chamar atenção quando perceber comportamentos ruins e gostaria que todos vocês fizessem o mesmo. Não temos tempo a perder.

Todos estavam em silêncio.

– Ok, estaremos de volta aqui em duas semanas. Cuidem-se, e nos vemos no escritório amanhã.

Enquanto todos arrumavam seus pertences e se dirigiam para a porta, Kathryn queria se sentir bem com o que havia conseguido. Entretanto, ela teve que encarar a grande possibilidade de que as coisas precisassem piorar, talvez bastante, antes de melhorar.

Quase todos os membros da equipe pareciam calmos mesmo diante da perspectiva de dolorosos acontecimentos. E ninguém ficaria surpreso se um dos colegas não estivesse ali no próximo retiro. Entretanto, eles ficariam chocados se soubessem que o tal colega não seria Mikey.

Parte três

Levantando Pesos

No escritório

De volta ao escritório, até Kathryn se surpreendeu com a rápida deterioração de qualquer progresso que tivesse sido alcançado no retiro.

Os poucos vislumbres de esperança que se viram – como Carlos e Martin fazendo uma reunião conjunta com suas equipes sobre satisfação dos clientes – foram suficientes para que os outros funcionários ficassem sussurrando sobre o que estaria acontecendo. Mas, para Kathryn, era inegável que os membros da equipe continuavam desconfiados uns dos outros, inclusive dela.

Com base no comportamento que observou, Kathryn teve a sensação de que todos haviam se esquecido completamente dos dois dias em Napa. Os membros de sua equipe estavam interagindo pouco, e não se percebia quase nenhum sinal de disposição para se reverter esse quadro. Foi como se a equipe estivesse constrangida por ter se exposto e fingisse que nada havia acontecido.

Mas Kathryn tinha passado por isso muitas vezes. Por mais decepcionada que estivesse pelo fato de o grupo não ter internalizado os conceitos aprendidos no retiro, ela sabia que essa era a primeira reação típica, e sabia também que a única maneira de reverter a situação era mergulhar de cabeça outra vez e fazer o sangue da equipe voltar a circular. O que ela não imaginava era que tudo estava prestes a degringolar.

O fato aconteceu poucos dias depois do retiro, no mesmo dia em que Kathryn teria a primeira reunião oficial com o conselho.

Nick havia pedido uma reunião especial para discutir uma possível aquisição. O convite foi estendido a qualquer membro da equipe que estivesse interessado em participar, mas Nick deixou claro que precisava da presença de Kathryn, Martin, JR e Jeff. Jan e Carlos também apareceram.

Antes de começar a reunião, Nick perguntou:

– Cadê o JR?

– Ele não apareceu no escritório nesta manhã – Kathryn disse. – Vamos começar.

Nick deu de ombros e começou a distribuir panfletos aos colegas.

– O nome da empresa é Green Banana.

– É uma empresa em Boston que pode ou nos complementar ou ser uma potencial concorrente. É difícil saber. Em todo caso, acho que devemos pensar em comprá-la. Eles estão em busca de dinheiro, e neste momento temos mais do que precisamos.

Sentindo-se mais do que nunca um membro do conselho, Jeff fez a primeira pergunta:

– O que nós ganharíamos com isso?

Nick, que já havia concluído que o negócio tinha sentido, respondeu de imediato.

– Clientes. Funcionários. Tecnologia.

– Quantos clientes? – Kathryn quis saber.

Martin fez outra pergunta antes que Nick respondesse à primeira.

– E a tecnologia deles é boa? Nunca ouvi falar dessa empresa.

Mais uma vez, Nick respondeu rápido.

– Eles têm cerca de metade da quantidade de clientes que nós temos. – Ele leu suas anotações. – Cerca de 20, acho. E, ao que parece, a tecnologia deles é boa o suficiente para esses clientes.

Martin pareceu cético. Kathryn franziu as sobrancelhas.

– Quantos funcionários? E eles ficam todos em Boston?

– Sim, eles têm mais ou menos 75 funcionários, e uns 68 estão em Beantown, Boston.

Durante as reuniões em Napa, Kathryn fora bastante cuidadosa em segurar as próprias opiniões para desenvolver as habilidades de sua equipe. Mas, no calor do mundo das decisões reais, a contenção não era sua melhor qualidade.

– Espere um pouco. Isso não me soa muito bem, Nick. Nós aumentaríamos o tamanho da empresa em 50 por cento se acrescentássemos uma nova série de produtos. Acho que já temos desafios suficientes para enfrentar sem essa aquisição.

Por mais que estivesse preparado para discordâncias, Nick não conseguiu disfarçar sua impaciência.

– Se não fizermos movimentos audaciosos como esse, vamos perder a oportunidade de superar nossos concorrentes. Precisamos ser visionários.

Agora, Martin revirou os olhos. Kathryn provocou Nick:

– Primeiramente, preciso dizer que Mikey deveria estar presente a esta reunião. Eu gostaria de saber o que ela acha em termos de posicionamento no mercado e estratégia. E eu...

Nick a interrompeu.

– Mikey não acrescentaria nada de valor a esta conversa. Isso não tem nada a ver com marketing. Isso é estratégia.

Kathryn teve vontade de pular no pescoço de Nick por ser tão rude com alguém que não estava na sala naquele momento, e todos perceberam isso. Mas ela decidiu esperar alguns minutos.

– Eu ainda não havia terminado de falar. Também acho que as questões que temos no presente, em relação a politicagens, só aumentariam com uma aquisição dessas.

Nick respirou fundo, como se quisesse dizer "Não acredito que tenho que lidar com pessoas assim". Antes que ele pudesse dizer qualquer coisa da qual se arrependesse, Jan entrou na conversa.

– Entendo que nossa posição financeira é melhor do que a de todos os nossos concorrentes e 90 por cento melhor do que a de todas as empresas de tecnologia do Vale. Mas só o fato de termos dinheiro não é motivo suficiente para que a gente faça gastos. A não ser que seja em algo que nos ofereça vantagens claras.

Agora, Nick estava prestes a se arrepender das próprias palavras.

– Com todo o respeito, Kathryn, você pode ser uma boa executiva quando se trata de liderar reuniões e melhorar o trabalho em equipe, mas não sabe nada sobre o nosso negócio. Acho que deveria deixar assuntos como esse comigo e com Jeff.

Todos ficaram paralisados. Kathryn teve certeza de que alguém iria lançar-se contra Nick por aquele piti, mas estava enganada. Na verdade, Martin teve a audácia de olhar para o relógio e dizer:

– Sinto muito, mas tenho outra reunião. Avisem se precisarem de minha contribuição. – E foi embora.

Kathryn estava totalmente preparada para chamar a atenção de qualquer um de seus subordinados quando tivessem comportamentos destrutivos que pudessem prejudicar a equipe, mas não imaginou que a primeira oportunidade seria por causa de uma situação que envolvia ela mesma. Isso tornou aquilo ainda mais difícil, mas, mesmo assim, necessário. Então ela perguntou:

– Nick, você prefere que tenhamos essa conversa aqui mesmo ou em particular?

Ele parou para refletir cuidadosamente sobre aquela pergunta, consciente do que estava prestes a acontecer.

– Acho que eu poderia ser corajoso e dizer "Se você tem algo a dizer, diga agora", mas é melhor termos essa conversa em particular. – Ele chegou a sorrir, mas apenas por um milésimo de segundo.

Kathryn pediu que o restante do grupo se retirasse e os deixasse a sós.

– Vejo vocês hoje à tarde, na reunião de equipe – disse, e eles ficaram felizes por sair da sala.

Assim que todos se foram, Kathryn começou a falar, de maneira confiante e relaxada, muito mais controlada do que Nick poderia esperar.

– Muito bem, em primeiro lugar, jamais fale mal de um de seus colegas quando ele não estiver presente. Não me importo com sua opinião sobre Mikey. Ela é parte da equipe, e você precisa levar suas questões diretamente a ela ou a mim.

Nick, com toda a sua estatura de 1,90 metro, parecia uma criança do oitavo ano na sala do diretor. Mas só por um momento. Logo ele recuperou sua atitude e rebateu:

– Veja bem, eu não tenho nada para fazer por aqui. Nós já tínhamos que ter crescido muito mais e estar envolvidos em muitas atividades de fusões e aquisições. Não posso ficar aqui sentado e ver este lugar...

Kathryn o interrompeu:

– Então isso tem a ver com você?

Nick pareceu não ter ouvido a pergunta.

– O quê?

– Essa aquisição. Você faz questão que ela aconteça para ter algo para fazer?

Nick tentou recuar.

– Não. Só acho que é uma boa ideia. Pode ser estratégico para a empresa.

Kathryn permaneceu sentada ouvindo, e, como um criminoso sendo interrogado, Nick começou a botar tudo para fora.

– Mas a verdade é que me sinto totalmente subutilizado aqui. Eu me mudei com minha família para o outro lado desta droga de país com a expectativa de que, um dia, poderia gerenciar este lugar, e agora estou entediado, impotente e assistindo aos meus colegas estragarem tudo por aqui.

Nick estava olhando para baixo, balançando a cabeça de um lado para outro, parecendo sentir culpa e descrença naquela situação.

Kathryn respondeu ao comentário com bastante calma.

– Você acha que está contribuindo para estragar tudo por aqui?

Ele olhou para cima.

– Não. Quero dizer, eu deveria estar tomando conta do crescimento da infraestrutura, das fusões e aquisições. Não estamos fazendo nada disso porque o conselho diz que...

– Estou me referindo ao cenário mais amplo, Nick. Você está fazendo com que essa equipe melhore ou está contribuindo para as suas disfunções?

– O que você acha?

– Acho que você não está fazendo com que ela melhore. – Ela fez uma pausa. – Você, claramente, tem muito mais a oferecer, seja administrando ou não este lugar.

Nick tentou explicar.

– Eu não estava tentando dizer que quero o seu cargo. Só estava desabafando, e...

Kathryn levantou a mão.

– Não se preocupe com isso. Você tem o direito de desabafar de vez em quando. Mas devo lhe dizer que não vejo você ajudando as pessoas. Você no máximo faz pouco-caso delas.

Nick não estava preparado para aceitar o que Kathryn estava dizendo. Ele argumentou:

– Então o que você acha que devo fazer?

– Por que você não tenta dizer como se sente ao restante do grupo? Diga a eles o que acabou de me dizer, sobre se sentir subutilizado, fazer sua família se mudar...

– Isso não tem nada a ver com o fato de comprarmos ou não a Green Banana.

Ambos sorriram por um instante, devido ao nome tão bobo. Nick continuou.

– Quero dizer, se meus colegas não entendem por que precisamos fazer coisas como essa, então talvez... – Ele hesitou.

Kathryn terminou o pensamento de Nick.
— Talvez o quê? Talvez você deva pedir demissão?

Nick ficou bastante irritado.
— É isso que você quer? Se é o que você quer, talvez eu peça mesmo.

Kathryn ficou quieta, deixando os nervos se acalmarem por um instante. Então disse:
— Isso não tem nada a ver com o que eu quero. Tem a ver com você. Você precisa decidir o que é mais importante: ajudar a equipe a vencer ou progredir na própria carreira.

Até Kathryn achou que soou um pouco rude, mas ela sabia o que estava fazendo.

— Não sei por que esses dois pontos têm que anular um ao outro — ele argumentou.

— Esse não é o caso. Mas um deles deve ser mais importante que o outro.

Nick olhou para a parede, balançando a cabeça de um lado para outro, decidindo se deveria ficar com raiva de Kathryn ou agradecê-la por pressioná-lo.

— Tanto faz. — Ele se levantou e saiu da sala.

Fogos de artifício

Mais ou menos às duas da tarde, todos estavam sentados ao redor da mesa, na sala principal, esperando pelo início da reunião – todos, exceto Nick e JR. Kathryn olhou para o relógio e resolveu começar.

– Ok, hoje nós vamos fazer uma rápida revisão do trabalho que cada um vem fazendo e passar a maior parte do tempo preparando o terreno para os 18 contratos que precisamos fechar.

Jeff estava prestes a perguntar a Kathryn onde estavam Nick e JR quando Nick entrou na sala.

– Desculpem o atraso.

Havia dois lugares vagos ao redor da mesa: um ao lado de Kathryn e outro na extremidade oposta a ela. Ele escolheu o que estava mais longe da CEO.

Devido ao que tinha acontecido mais cedo, Kathryn não reclamou por ele ter chegado atrasado. O restante da equipe pareceu entender o fato de ela ter se segurado. Em vez de repreendê-lo, ela mergulhou de cabeça na reunião.

– Antes de começarmos, preciso...

Então Nick a interrompeu.

– Tenho algo a dizer.

Todos sabiam que Nick era rude quando queria. Mas a maneira como ele interrompeu Kathryn – e depois de ter chegado atrasado à primeira reunião oficial com a chefe – pareceu audaciosa demais para a equipe. Curiosamente, Kathryn não pareceu nem um pouco perturbada.

Nick começou:

— Ouçam, preciso desabafar algumas coisas.

Ninguém se mexeu. Mas, por dentro, estavam todos fervendo por antecipação.

— Primeiramente, em relação à reunião dessa manhã, admito que passei dos limites. Eu devia ter feito aquele comentário na presença de Mikey, e fui injusto com ela.

Mikey ficou atônita e, em seguida, irritada, mas não disse nada. Nick se dirigiu a ela:

— Não precisa se alterar, Mikey. Falo com você mais tarde. Não é nada tão importante assim.

Curiosamente, ela pareceu se acalmar com a franqueza e a confiança demonstradas por Nick.

Ele prosseguiu:

— Em segundo lugar, por mais que eu acredite que a Green Banana seja algo que devamos levar em consideração, minha insistência em fechar o contrato é mais para que eu tenha algo em que trabalhar. É que estou começando a achar que fiz uma escolha profissional ruim quando vim para cá, e quero algo no qual possa realmente acreditar. Não sei como vou explicar no meu currículo o que fiz nesses últimos 18 meses.

Jan olhou para Kathryn, a única pessoa naquela sala que não parecia chocada. Nick continuou:

— Mas acho que chegou a hora de enfrentar a realidade e tomar uma decisão. — Ele fez uma pausa antes de prosseguir. — Preciso fazer uma mudança. Preciso encontrar uma maneira de contribuir para esta equipe e esta empresa. E preciso que vocês, meus colegas, me ajudem. Caso contrário, acho melhor eu deixar o meu cargo, mas ainda não estou pronto para fazer isso.

Kathryn adoraria dizer que sabia que Nick continuaria no cargo, porém, mais tarde, ela admitiria para o marido que tinha quase certeza de que Nick pediria demissão. Mas o fato de estar errada a deixou subitamente feliz. E ela não sabia explicar muito bem por quê.

Todos estavam em silêncio, sem saber como reagir àquelas palavras tão fora do comum para Nick e a equipe. Kathryn queria cumprimentá-lo por se abrir, mas achou melhor deixar o momento falar por si mesmo. Quando ficou claro que todos haviam digerido por completo a magnitude da situação e que não tinham nada a acrescentar, Kathryn quebrou o silêncio.

– Preciso dar uma notícia.

Martin teve certeza de que estava prestes a testemunhar um abraço coletivo ou algum tipo de comentário sentimental e conciliatório de Kathryn. Até ela completar seu pensamento:

– JR pediu demissão ontem à noite.

Se todos ficaram quietos quando Nick terminou de falar, agora o silêncio foi sepulcral. Mas só por alguns segundos.

– O quê? – Martin foi o primeiro a reagir. – Por quê?

– Não ficou totalmente claro – explicou Kathryn. – Pelo menos com base no que ele me disse. Pelo que entendi, ele voltou para a AddSoft para ser diretor regional outra vez. – Kathryn hesitou antes de fazer o comentário seguinte; pensou em não fazê-lo, mas decidiu que não seria correto. – Ele também me disse que não queria perder mais tempo em retiros, discutindo os problemas pessoais dos outros.

Mais um momento de tensão. Kathryn esperou um pouco. Mikey foi a primeira a falar.

– Ok, alguém mais acha que esse negócio de construir uma equipe já foi longe demais? Estamos melhorando ou piorando a situação?

Até Carlos levantou as sobrancelhas, como se tivesse se entretido com o comentário de Mikey.

Depois dos três segundos mais longos na curta carreira de Kathryn na DecisionTech, Martin ponderou:

– Bem, acho que não é novidade para ninguém aqui que eu detesto fazer esse negócio de equipe. Para mim, é profundamente irritante.

Kathryn não precisava de um comentário desses. Então Martin concluiu:
— Mas essa é a maior baboseira que já ouvi. Acho que o JR estava era com medo de não saber como vender nosso produto.

Jeff concordou:
— Há alguns meses, quando estávamos tomando cerveja em um aeroporto, ele admitiu para mim que nunca tinha feito vendas para um mercado que ainda não existia. E que preferia ter uma marca conhecida por trás. Ele disse também que nunca havia fracassado na vida e que não ia deixar isso acontecer aqui.

Jan acrescentou:
— E ele detestava quando a gente perguntava sobre as vendas. Ele se sentia pressionado.

Mikey se meteu na conversa:
— A maioria dos contratos que fechamos foi feita por Martin e Jeff. Por isso acho que aquele sujeito nunca teve ideia de como...

Kathryn estava quase se pronunciando, quando Nick disse:
— Gente, sei que sou a última pessoa que deveria dizer isso, porque sempre fui o maior crítico do JR nas reuniões internas, mas não vamos discutir sobre ele agora. Ele foi embora e precisamos decidir o que vamos fazer.

Carlos se ofereceu para ajudar:
— Posso assumir as vendas até encontrarmos outra pessoa.

Jan se sentia à vontade o bastante com Carlos para ser direta com ele, ainda que fosse diante do restante do grupo:
— Por mais que apreciemos a sua oferta, acho que nesta sala há duas outras pessoas com mais tempo livre e mais experiência em vendas. — Ela olhou para Jeff, que estava sentado ao lado de Nick. — Um de vocês dois.

Jeff disse de imediato:
— Não me interpretem mal. Eu faria qualquer coisa que vocês quisessem. Mas nunca gerenciei um departamento de vendas nem trabalhei nisso. Gosto muito de vender para investidores e

até clientes, desde que eu tenha ao meu lado alguém que saiba o que está fazendo.

Mikey deu sua opinião:
– Nick, você gerenciou operações de campo em sua última empresa. E foi chefe de uma equipe de vendas no início de sua carreira.

Nick assentiu com a cabeça. Martin acrescentou:
– Mas me lembro de quando entrevistamos Nick. – Martin sempre se referia aos presentes na terceira pessoa, como se não estivessem sentados na mesma sala. Não tinha a intenção de ser rude, era apenas menos pessoal. – Ele disse que queria se distanciar de seu rótulo de sujeito que trabalha em campo e preferia assumir um papel mais corporativo e de liderança central.

Nick concordou mais uma vez, impressionado pelo fato de Martin ter se lembrado de algo a respeito dele.
– É verdade. Eu sentia como se estivesse preso em vendas e operações de campo.

Ninguém disse nada por um instante. Nick prosseguiu:
– Mas devo dizer que eu era muito bom em vendas e que gostava bastante de fazer isso.

Kathryn resistiu à tentação de começar a elogiar Nick. Jeff não.
– Você já tem um bom relacionamento com a equipe de vendas. E precisa admitir que se sente frustrado com nossa incapacidade de vender mais.

Carlos brincou:
– Vamos lá, Nick. Se você recusar, eles vão aceitar a minha oferta.

Kathryn fez um gesto para Nick, como se quisesse dizer "Ele tem razão".
– Nesse caso, seria negligente da minha parte dizer não.

Todos riam quando, de repente, o alarme contra incêndios disparou.

Jan bateu com a mão na testa.

– Ah, eu me esqueci! Temos simulação de incêndio hoje. O Corpo de Bombeiros de Moon Bay avisou que precisamos começar a fazer isso duas vezes por ano.

Todos juntaram seus pertences lentamente.

Martin fez mais um comentário bem-humorado:

– Graças a Deus. Eu já estava sentindo que ia rolar um abraço coletivo a qualquer instante.

Vazamentos

Alguns dias depois, Kathryn começou a ter problemas com seu laptop, então pediu que alguém do TI fosse consertá-lo. O departamento em questão só tinha quatro pessoas e era gerenciado por um sujeito chamado Brendan, um dos subordinados diretos de Jan. Devido ao tamanho do grupo, não era incomum que Brendan atendesse pessoalmente alguma solicitação. Principalmente se tivesse sido feita por algum executivo ou pela CEO.

Brendan não demorou a chegar e logo identificou o problema. Quando informou a Kathryn que seria necessário levar o computador para consertá-lo, ela disse que não tinha problema, mas explicou que precisaria que ele o trouxesse de volta antes do fim da semana.

– É verdade. Vocês têm outro retiro em breve.

Kathryn não ficou surpresa por Brendan saber sobre o retiro. Na verdade, ela ficou satisfeita pelo fato de os outros funcionários da empresa saberem como sua equipe estava passando o tempo quando não ia ao escritório. Mas o comentário seguinte fez com que ela se preocupasse:

– Eu bem que gostaria de ser uma mosquinha para ouvir o que se passa nessas reuniões.

Kathryn não poderia deixar aquele comentário passar sem uma pergunta:

– É mesmo? Por quê?

Brendan, cuja capacidade técnica só era igualada à sua falta de traquejo social, respondeu sem hesitar:

– Bem, digamos que as pessoas por aqui adorariam pagar para ver Mikey responder pelas grosserias dela.

Embora Kathryn não pudesse negar um sentimento de alegria por outras pessoas na empresa reconhecerem os problemas comportamentais de Mikey, a primeira coisa que sentiu foi decepção. Ela se perguntou quantos outros funcionários da empresa sabiam de detalhes do que acontecia nos retiros.

– Acho que não é bem isso que tem acontecido nesses encontros.

Kathryn sabia que Brendan não era culpado de nada disso; portanto, mudou de assunto.

– De qualquer maneira, obrigada por consertar meu computador.

Brendan saiu da sala e Kathryn ficou imaginando como lidaria com a situação diante de Jan e do restante da equipe.

Retiro número dois

Na semana seguinte, o retiro em Napa Valley começou.

Kathryn deu início à primeira sessão com seu discurso usual:

– Nós temos mais dinheiro, melhor tecnologia e executivos mais talentosos e experientes do que nossos concorrentes, mas nos encontramos em situação inferior à deles. Vamos lembrar que estamos para começar a trabalhar de maneira mais eficiente como equipe.

Em seguida, ela trouxe à tona um tópico difícil, mas procurou usar um tom não ameaçador.

– Tenho uma pergunta para fazer a todos: o que vocês disseram aos seus subordinados, se é que falaram algo, sobre nosso primeiro retiro?

Por mais que tenha tentado, Kathryn não conseguiu evitar que o clima pesasse na sala.

– Não estou aqui para criticar ninguém. Só acho que precisamos deixar claro qual é o comportamento esperado do membro de uma equipe.

Jeff foi o primeiro a se manifestar:

– Eu não disse nada ao meu pessoal. Nenhuma palavra.

Todos riram, porque Jeff não tinha mais nenhum subordinado direto.

Mikey foi a próxima:

– Eu só disse que fizemos um monte de exercícios melosos.

Ela tentou ser engraçada, mas foi visível que havia um fundo de verdade no que ela disse. Ninguém riu.

De repente, Martin ficou na defensiva.

– Kathryn, se você tem algum problema com algo que fizemos, então nos diga. Porque eu admito que tive algumas conversas bem francas com meus engenheiros. Eles queriam saber se estamos ou não perdendo nosso tempo, e acho que merecem uma explicação. Se isso significa violar algum grau de confidencialidade, então sinto muito.

Todos ficaram um pouco surpresos com aquela crítica mordaz inesperada, que foi mais longa e mais emocional do que as que Martin costumava fazer.

Kathryn quase soltou uma risada.

– Calma, calma. Não estou chateada com ninguém aqui nem dizendo que não deveríamos ter falado com nossas equipes sobre o primeiro retiro. Na verdade, eu deveria ter sido mais clara sobre a necessidade de vocês contarem tudo aos seus funcionários.

Então Jan falou:

– Eu provavelmente falei com meus funcionários mais do que qualquer um aqui. E imagino que um deles tenha comentado algo com você.

Kathryn sentiu como se tivesse sido flagrada por Jan.

– Bem, de fato foi um dos seus subordinados que me levou a fazer essa pergunta.

Mikey pareceu gostar do fato de Jan estar sendo colocada na berlinda. Kathryn prosseguiu:

– Mas isso não tem a ver com você nem com qualquer outra pessoa em particular. Só estou tentando entender como as coisas funcionam em termos de confidencialidade e lealdade.

– O que você quer dizer com lealdade? – Nick quis saber.

– Quero dizer: qual é a equipe que vocês consideram em primeiro lugar?

Nem um pouco surpresa pela confusão que se instaurou na sala, Kathryn explicou:

– Isto não é um discurso sobre guardar informações confidenciais. Pelo menos não é o foco do que estou tentando dizer. É algo além disso.

Kathryn estava frustrada com a própria incapacidade de articular a questão. Ela recorreu à franqueza para continuar:

– O que estou tentando saber é se vocês acham que esta equipe aqui é tão importante quanto aquelas que vocês lideram, os seus departamentos.

De repente, todos pareceram entender. E não se sentiram à vontade para dar as respostas verdadeiras que lhes vieram à mente.

Jan indagou:

– Então você está querendo saber se revelamos aos nossos subordinados diretos coisas que deveríamos ter mantido somente entre nós?

Kathryn assentiu movendo a cabeça.

Mikey se pronunciou:

– Sou muito mais próxima da minha equipe do que deste grupo aqui. Sinto muito, mas é a verdade.

Nick concordou.

– Isso também valeria para mim, se eu não contasse com o grupo de vendas que acabei de assumir. – Ele refletiu um pouco. – Mas eu diria que, em poucas semanas, estarei mais próximo deles do que desta equipe.

Embora Nick tenha tido a intenção de ser engraçado e tenha provocado algumas risadas entre os participantes, a triste verdade contida naquele comentário pareceu enfraquecer o grupo.

Jan foi a próxima a falar:

– Acho que provavelmente todos nós consideramos as equipes que lideramos mais importantes do que esta. – Ela hesitou antes de concluir seu pensamento. – Mas ninguém mais do que eu.

Essa opinião chamou a atenção de todos ao redor da mesa.

– Você quer explicar isso? – Kathryn pediu, de forma educada.

– Bem, como todos aqui sabem, meu pessoal e eu somos muito unidos. Dos meus oito subordinados diretos, cinco já haviam trabalhado comigo em outras empresas, e sou como uma mãe para eles.

Carlos brincou com a situação:
– Ela é a líder dos escoteiros.

Todos riram. Jan sorriu e balançou a cabeça.
– Sim, tenho que concordar com isso. Não é que eu seja emotiva demais ou coisa parecida. É que meus funcionários sabem que eu faria praticamente qualquer coisa por eles.

Kathryn balançou a cabeça como se estivesse tentando entender. Martin defendeu Jan:
– Isso não é algo ruim. Meus engenheiros sabem que eu os protejo das distrações e dos obstáculos, e, em contrapartida, eles trabalham com afinco.

Jan acrescentou:
– E eles não pedem demissão quando as coisas ficam difíceis. Meu pessoal é extremamente leal.

Kathryn apenas ouviu, mas Nick sentiu que ela estava prestes a contra-argumentar. Sendo assim, se dirigiu a ela:
– E isso é um problema? Acho que você gostaria que fôssemos bons gerentes.

– É claro que sim – Kathryn disse a todos. – Fico feliz por saber que vocês têm uma ligação forte com suas equipes; isso é muito consistente com o que percebi em minhas entrevistas iniciais.

Todos esperaram, como se quisessem dizer "Então qual é o problema?".

Kathryn prosseguiu:
– Mas, quando uma empresa tem vários bons gerentes que não sabem trabalhar em equipe, isso pode criar um problema para eles e para a empresa. Veja bem, isso leva a uma confusão sobre quem faz parte de sua equipe principal.

Jeff não entendeu bem.

— Equipe principal?

— Exato. E tudo isso se relaciona à última disfunção: colocar os resultados da equipe acima das questões individuais. Sua equipe principal deve ser esta aqui. — Ela olhou em volta da sala para deixar claro que estava se referindo àquele grupo de executivos. — Por mais que nos sintamos ligados aos nossos subordinados diretos e por mais maravilhoso que seja para eles, isso simplesmente não pode acontecer à custa da lealdade e do comprometimento que temos em relação ao grupo de pessoas que está sentado aqui, agora.

A equipe digeriu aquele comentário e as dificuldades implícitas nele.

Jan falou logo em seguida:

— Esta é uma questão difícil, Kathryn. Quero dizer, seria muito fácil eu me sentar aqui, concordar com você e lhe garantir, mesmo sem convicção, que esta é a minha equipe principal, mas não sei como eu conseguiria abandonar o que trabalhei tanto para construir em meu departamento.

Carlos tentou achar um meio-termo que satisfizesse a todos.

— Não acho que você precise abandonar sua equipe — disse, e olhou para Kathryn em busca de alguma confirmação.

Ela apertou os olhos, se segurando para não falar nada. Mas prosseguiu:

— Bem, você não precisa destruí-la, mas precisa estar disposta a fazer com que seja secundária. E, para muitos de vocês, isso pode mesmo dar a sensação de que estão abandonando seus funcionários.

Um pouco desencorajado, o grupo refletiu sobre aquela difícil proposição.

Jeff tentou elevar os ânimos:

— Pensem em como a situação tem sido terrível para mim. Vocês *eram* minha equipe principal. Eu não tinha mais ninguém com quem reclamar.

Todos, inclusive Martin, riram. Por mais que Jeff estivesse brincando, a equipe percebeu que havia um fundo de verdade no que ele dissera e lamentou por ele.

Kathryn sentiu a necessidade de salientar um ponto:

— Não encontro outra forma de dizer isto, mas é difícil construir uma equipe.

Todos ficaram em silêncio. Kathryn notou dúvida nos rostos ao redor da mesa. Mas isso não a deteve, pois a discussão não era a respeito do grau de importância de se construir uma equipe, mas sim sobre se eles realmente conseguiriam fazê-lo. Kathryn sempre preferia esse tipo de dúvida.

Seguindo em frente

Kathryn continuou:
— Ouçam, nós não vamos resolver essa questão agora. Trata-se de um processo, e não precisamos perder mais do que alguns minutos pensando em nós mesmos. Vamos nos manter no plano de construir a equipe e a perspectiva de colocá-la em primeiro lugar, então, não vai parecer tão assustadora.

O grupo se mostrou pronto para recobrar o ânimo, então Kathryn fez uma pergunta simples para que continuassem o processo:
— Como estamos nos saindo?

Jeff foi o primeiro a se manifestar:
— Acho que não podemos negar o que tem acontecido desde o retiro anterior. Por exemplo, se você me dissesse que JR pediria demissão e que já teríamos alguém como Nick em seu lugar, eu a teria acusado de ter planejado isso desde o começo.

Nick concordou e disse:
— Bem, eu nunca pensei que assumiria esse cargo e muito menos que estaria achando isso ótimo. Mas acredito que estamos indo bem. Mesmo assim, ainda temos um longo caminho a percorrer para atingir nossos objetivos.

Kathryn mudou o foco da discussão.
— Mas como está nosso trabalho em equipe?

Jan respondeu:
— Na minha opinião, bem. Parece que estamos seguindo na direção certa e, definitivamente, tendo mais conflitos produtivos.

O grupo riu.

— Não sei. Estou começando a ter minhas dúvidas. — Kathryn não teria ficado surpresa com um comentário como esse naquele ponto do processo se não tivesse sido feito por Carlos.

— Por quê? — ela quis saber.

Carlos franziu a testa.

— Não sei. Acho que ainda sinto que não estamos falando sobre as grandes questões, mas pode ser apenas que eu esteja ficando impaciente.

— A que grandes questões exatamente você está se referindo? — Jan indagou.

— Bem, não quero complicar as coisas aqui...

Kathryn o interrompeu.

— Mas eu quero que você faça isso.

Carlos sorriu.

— Bem, fico me perguntando se colocamos nossos recursos no lugar certo para fazer com que esta empresa funcione.

Martin teve a impressão de que era o alvo do comentário de Carlos. E tinha razão.

— O que você quer dizer com recursos?

Carlos gaguejou.

— Bem, não sei. Acho que nossa equipe de engenheiros é muito grande. Representa quase um terço da empresa, se não estou enganado. E, bem, talvez nós pudéssemos usar mais recursos em vendas, marketing e consultoria.

Martin não era efusivo ao rebater afirmativas desse tipo. Ele preferia ser sarcástico e estava prestes a desafiar Carlos quando Mikey se juntou à discussão.

— Concordo com Carlos. Francamente, não sei o que metade de nossos engenheiros faz. E morro de vontade de usar nosso dinheiro para melhorar a área de marketing e propaganda.

Martin suspirou alto, como se quisesse dizer "Lá vamos nós outra vez". Seu descontentamento não passou despercebido por ninguém na sala. Kathryn deu o tom para o que estava prestes a acontecer.

— Ok, vamos discutir isso. E sem pensar que estamos fazendo algo errado. Temos o dever de fazer o melhor uso possível de nosso dinheiro. Isso não é uma batalha religiosa; tem a ver com estratégia.

Kathryn aliviou um pouco a tensão, mas jogou lenha na fogueira logo em seguida. Dirigiu-se a Martin:

— Imagino que você esteja cansado de ouvir questionamentos sobre nossos investimentos em engenharia.

Martin estava calmo, mas efusivo.

— Você está certíssima. Parece que as pessoas não entendem que não estamos investindo em engenharia, mas sim em tecnologia. Somos uma empresa de produtos. Não gasto dinheiro levando meus engenheiros em excursões para jogar golfe.

— Por favor, Martin! — Nick exclamou. — Engenheiros não jogam golfe. — Depois de tornar o ambiente mais leve com uma pitada de humor, o novo chefe de vendas resumiu a conversa. — Não queremos dizer que você não está sendo responsável, apenas que pode estar sendo um pouco tendencioso.

Martin não queria ceder.

— Tendencioso? Eu vou às mesmas reuniões de vendas que todos vocês aqui. E falo com analistas...

Jan se pronunciou:

— Espere aí, Martin. Não estamos questionando o seu comprometimento com a empresa. É que você sabe mais de engenharia do que sobre qualquer outra coisa, e talvez isso o faça desejar investir no produto. — Jan finalmente chegou ao cerne da questão. — Por que você fica tão na defensiva quando alguém faz um comentário sobre engenharia?

Foi como se Jan tivesse jogado um balde de água fria em Martin, respingando um pouco em todos os outros colegas.

Mikey deu sua opinião, mas de uma maneira mais gentil que a habitual.

– Ela está certa. Você age como se estivéssemos questionando a sua inteligência.

Com mais calma, Martin insistiu:

– E não é isso o que está acontecendo? Vocês estão dizendo que estou superestimando o volume de recursos necessários para produzir e manter nosso produto.

Jan explicou com mais cautela do que Mikey conseguiria ter:

– Não. É mais do que isso, Martin. Estamos questionando quão bons precisam ser nossos produtos para conquistarmos o mercado e quanto esforço precisamos fazer para investir em tecnologia futura, pois não queremos descobrir isso só depois de vermos o mercado engolir nossa tecnologia atual.

Kathryn saiu de seu papel de facilitadora e acrescentou algo à perspectiva de Jan:

– E você não pode descobrir isso sozinho. Acho que ninguém aqui é esperto o bastante, ou tem conhecimentos suficientes, para saber a resposta certa sem ouvir a opinião de todos, se beneficiando de outras perspectivas.

Ironicamente, quanto mais racional era a explicação, mais tenso Martin ficava. Era como se ele pudesse facilmente rebater o discurso inseguro de Mikey, mas estivesse caindo na armadilha da imparcialidade e da lógica de Jan e Kathryn.

– Ouçam bem. Depois de todo o tempo que dedicamos a criar esse produto, não estou disposto a saber que nossa empresa fracassou devido ao uso de uma tecnologia ruim. – Antes que alguém pudesse dizer a ele que aquela era uma demonstração clara da quinta disfunção, Martin se adiantou. – E, sim, sei que parece que estou muito mais interessado em evitar a culpa individual do que em ajudar a empresa a vencer, mas... – Ele não terminou a frase, pois não tinha uma boa explicação para seu comportamento.

Jan o salvou.

– Por que vocês acham que sou tão obsessiva com as finanças? – Foi uma pergunta retórica, portanto ela mesma respondeu antes de qualquer colega. – A última coisa que quero é ler no *The Wall Street Journal* que não administramos nosso caixa e tivemos que fechar as portas. Carlos não quer que contratempos com clientes afundem nossa empresa, e Mikey não quer que a gente tenha problemas por não conseguir fortalecer nossa marca.

Mesmo com uma distribuição de culpa tão igualitária, Mikey não conseguiu aceitar a parte que lhe coube. Ela lançou um olhar para Jan que parecia dizer "Não estou preocupada com isso".

Jan ignorou-a e comentou com o restante do grupo:
– Parece que estamos todos procurando nossos coletes salva--vidas no *Titanic*.

– Acho que ainda não chegamos a esse ponto de desespero – Nick contrapôs.

Kathryn comentou, usando a metáfora de Jan:
– Bem, então estamos todos tentando ficar o mais perto possível dos coletes, por via das dúvidas.

Nick assentiu movendo a cabeça, como quem diz "Está bem, concordo com você nesse caso". Kathryn, querendo retomar a conversa inicial, perguntou a Martin:
– Onde é que nós estávamos?

Martin suspirou profundamente, balançou a cabeça como se discordasse de tudo que ouvira e, em seguida, surpreendeu a todos:
– Ok, vamos analisar a situação.

Ele foi até o quadro branco e mapeou toda a sua organização, explicando que tarefa cada um estava executando e como tudo aquilo se encaixava. Seus colegas ficaram bastante impressionados, tanto pelo que desconheciam sobre o departamento de Martin como por ver como tudo aquilo funcionava.

Quando Martin terminou, Kathryn deu ao grupo duas horas para discutir os méritos relativos à expansão ou à redução dos recursos destinados à engenharia e como utilizar essa receita em outras áreas. Durante esse tempo, a equipe discutiu, muitas vezes com veemência, mudando de ideia a toda hora, até decidir que a resposta certa não era tão óbvia quanto parecia.

O mais importante de tudo talvez tenha sido o fato de que todos os membros da equipe, inclusive Kathryn, em algum momento pegaram a caneta e foram ao quadro explicar algum ponto. Se alguém bocejou, foi porque estava exausto, não entediado.

Finalmente, foi Jeff quem ofereceu uma solução. Ele propôs cortar por completo uma linha de produtos que ainda seria lançada e postergar outra por pelo menos seis meses. Nick então sugeriu redistribuir os engenheiros daqueles projetos e treiná-los para ajudar os representantes de vendas com as demonstrações dos produtos.

Em poucos minutos, o grupo havia concordado, montado um cronograma para executar as mudanças e se admirado diante da solução complexa, porém viável, no quadro branco à sua frente.

Kathryn sugeriu então que fossem almoçar e acrescentou:

– Quando voltarmos, vamos falar sobre como lidar com o desconforto interpessoal e como responsabilizar uns aos outros.

– Mal posso esperar. – Martin não fez esse comentário sarcástico na intenção de criticar o processo, e ninguém o interpretou dessa maneira.

Responsabilizar

Após o almoço, Kathryn estava determinada a manter o ânimo da sessão da manhã e resolveu que seria melhor focar em questões reais do que em exercícios.

Assim, ela pediu a Nick que avaliasse o progresso da equipe em relação ao objetivo de 18 novos contratos. Ele foi até o quadro e escreveu os quatro fatores principais necessários para que a meta fosse alcançada: demonstração de produtos, análise de concorrência, treinamento de vendas e panfletos sobre os produtos.

Nick foi lendo a lista e perguntando:

– Ok, Martin. Como você está indo com o projeto de demonstração de produtos?

– Estamos adiantados. Acabou sendo um pouco mais fácil do que pensávamos, por isso devemos terminar uma ou duas semanas antes. Carlos tem ajudado bastante.

Nick não gostava de perder tempo.

– Ótimo. E quanto à análise de concorrência? Carlos?

Carlos começou a vasculhar uma pilha de papéis sobre a mesa à sua frente.

– Eu trouxe um resumo atualizado, mas não consigo encontrá-lo. – Ele desistiu de procurar. – De qualquer maneira, nós ainda não começamos de fato. Não consegui marcar uma reunião com todos.

– Por que não? – Nick foi mais paciente do que Kathryn esperava.

— Bem, para falar a verdade, porque grande parte do nosso pessoal não teve disponibilidade. E eu estive ocupado ajudando Martin com a demonstração de produtos.

Todos ficaram em silêncio. Nick resolveu ser construtivo.

— Ok, quem aqui não pôde ir?

Carlos não queria acusar ninguém.

— Não estou reclamando deles. É só que...

Nick o interrompeu.

— Está tudo bem, Carlos. Só me diga quem precisa estar disponível.

— Bom, acho que Jack e Ken são fundamentais. E não tenho certeza se...

Agora Kathryn o interrompeu.

— Alguém está enxergando algum problema aqui?

Nick respondeu primeiro.

— Sim. Preciso me comunicar melhor com meus subordinados sobre nossas prioridades e ter certeza de que estão prontos para assumi-las.

Kathryn concordou, mas ela estava querendo ouvir outra coisa.

— E quanto ao Carlos? Você não acha que ele deveria ter procurado você para resolver esse problema antes? Nenhum de vocês o contestou quando ele disse que não havia sequer começado a análise de concorrência.

Mais uma vez, houve um silêncio desconfortável.

Carlos era seguro o suficiente para não se exaltar com a pergunta de sua chefe. Ele parecia estar analisando a situação com objetividade.

Martin logo disse:

— É difícil repreender alguém que está sempre disposto a ajudar.

Kathryn assentiu movendo a cabeça e falou com firmeza:

— Você tem razão, mas essa não é uma boa desculpa. O fato é que Carlos é um diretor e precisa listar melhor suas prioridades de acordo com o que concordou em fazer, e deve desafiar as pessoas na empresa que não estejam atendendo às ordens dele.

Percebendo que Carlos estava começando a se sentir provocado, Kathryn dirigiu-se diretamente a ele:

– Carlos, estou usando você como exemplo porque é fácil livrá-lo da culpa. Mas isso pode se aplicar a todos. Quando as pessoas são muito prestativas, é difícil cobrar responsabilidades delas. Ou quando se colocam na defensiva, ou quando intimidam. Sei que não é fácil fazer cobranças, nem mesmo de nossos filhos.

Esse comentário fez alguns membros da equipe balançarem a cabeça afirmativamente. Kathryn prosseguiu:

– Quero que todos vocês desafiem uns aos outros sobre o que estão fazendo, como estão empregando o tempo e se estão ou não progredindo o suficiente.

Mikey provocou:

– Mas isso parece demonstrar falta de confiança.

Kathryn retrucou:

– Não, confiança não é o mesmo que verificar que todos estão na mesma página que você e que não precisam ser empurrados. Confiança é saber que, quando um colega chama sua atenção, é porque se preocupa com a equipe.

Nick esclareceu:

– Mas precisamos chamar atenção de um jeito que não deixe o outro com raiva.

Aquela afirmativa soou como um questionamento, por isso Kathryn respondeu.

– Isso mesmo. Chamem atenção com respeito e partindo do princípio de que o outro provavelmente está fazendo a coisa certa. Sem hesitações.

Todos pareciam estar digerindo bem aquele ponto de vista, e Kathryn deu um tempo para que a ideia fosse assimilada. Em seguida, pediu a Nick que continuasse.

Ele se pronunciou com prazer.

— Ok, estamos no item número três, sobre o treinamento de vendas. Essa responsabilidade é minha e já tenho sessões agendadas. Marquei um treinamento de dois dias com o pessoal de vendas, e acho que todos nós deveríamos estar lá.

Mikey pareceu incrédula.

— Por quê?

— Porque todos nós devemos nos considerar vendedores. Especialmente se nossa maior prioridade for de fato fechar 18 novos contratos.

Kathryn não deixou dúvida.

— Mas é.

Nick continuou:

— Então todos nós vamos nos envolver e precisamos saber como ajudar nossos representantes de vendas.

Nick informou a data do treinamento e todos anotaram na própria agenda.

Mikey ainda parecia incomodada.

— Algum problema, Mikey? — Foi Nick quem perguntou.

— Não, não. Pode continuar.

Nick não aceitaria isso. Controlando qualquer frustração que pudesse sentir, ele provocou:

— Se você acha que tem um bom motivo para não estar nesse treinamento, estou aberto a ouvir. — Ele fez uma pausa para ver se ela falaria algo e, como isso não aconteceu, ele prosseguiu. — Para ser honesto, não consigo imaginar nada que possa ser mais importante.

Finalmente, Mikey reagiu, com sarcasmo:

— Certo, e eu gostaria que todos vocês participassem da reunião do setor de marketing na próxima semana.

Nick se segurou mais uma vez.

— Gostaria mesmo? Porque, se sua vontade fizer sentido, nós iremos.

Mikey nem sequer levou a oferta em consideração.

– Deixe para lá. Eu vou ao treinamento de vendas. E não preciso de nenhum de vocês, a não ser de Martin, na reunião do setor de marketing.

Naquele exato momento, Kathryn teve certeza de que Mikey teria que deixar a equipe. Infelizmente, os cinco minutos seguintes tornariam isso ainda mais difícil do que ela gostaria.

Contribuidor individual

Nick passou para o quarto item da lista.
— Como estamos indo com os panfletos? — Ele dirigiu a pergunta a Mikey.
— Está tudo pronto — ela respondeu.
Ficou nítida a tentativa de Mikey de evitar ser presunçosa. Nick ficou um pouco surpreso.
— É mesmo?
Percebendo que os colegas não estavam acreditando nela, Mikey pegou sua maleta, retirou dali uma pilha de panfletos e os distribuiu para todos.
— Vários desses serão impressos na semana que vem.
Todos ficaram em silêncio enquanto analisavam o design e liam o texto. Kathryn percebeu que a maioria estava aprovando a qualidade do material.
Mas Nick parecia pouco à vontade e disse:
— Você ia falar comigo sobre isso? Porque algumas pessoas de vendas estão em campo fazendo pesquisas com os clientes para elaborar esses panfletos e ficarão um pouco chateadas quando descobrirem que as informações que conseguirem não estarão...
Mikey o interrompeu.
— O meu pessoal conhece esse assunto melhor do que qualquer um na empresa. Mas, se você quiser que alguém de seu departamento acrescente algum detalhe, não vejo problema.
Ficou claro que ela achava que não seria necessário.

Nick parecia dividido entre ficar impressionado pelo material que tinha nas mãos e insultado pela maneira como ele lhe estava sendo apresentado.

– Muito bem, vou lhe enviar uma lista de três ou quatro pessoas que devem ver isso antes de seguirmos em frente.

Qualquer animação pelo progresso que Mikey havia feito sumiu diante da postura dela em relação a Nick.

Jeff tentou melhorar um pouco a difícil situação:

– Bem, de qualquer forma, você e seu pessoal fizeram um excelente trabalho.

Mikey gostou do elogio um pouco mais do que deveria.

– Trabalhei muito nesse material. É o que sei fazer melhor.

A contínua falta de humildade da colega criou um silêncio incômodo na sala.

Em um raro momento de impulsividade, Kathryn decidiu que não esperaria nem mais um minuto. Depois de anunciar que haveria um longo intervalo na parte da tarde, até o jantar, às seis horas, ela dispensou todos. Exceto Mikey.

A CONVERSA

Assim que todos saíram da sala e a porta se fechou, Kathryn sentiu um pouco de remorso e teve vontade de dar uma longa caminhada sozinha. "Como vou conseguir sair dessa situação?", ela se perguntou, sabendo que não havia mais como voltar atrás.
Mikey não tinha ideia do que estava para acontecer. Kathryn não sabia se o desconhecimento da funcionária facilitaria ou dificultaria o que ela estava prestes a fazer. Mas a CEO logo descobriria.
– Esta conversa vai ser difícil, Mikey.
A diretora de marketing deixou transparecer um leve ar de que estava percebendo a situação, mas logo o reprimiu.
– Vai?
Kathryn respirou fundo e foi direto ao assunto.
– Acho que você não se encaixa nessa equipe e que não tem vontade de estar aqui. Sabe por que cheguei a essa conclusão?
Uma expressão de surpresa tomou conta de Mikey, o que pegou Kathryn desprevenida. "Ela devia ter imaginado que isso aconteceria", a CEO lamentou consigo mesma.
Mikey não conseguia acreditar.
– Eu? Você deve estar brincando. De todas as pessoas nessa equipe, você acha que eu... – Ela não completou o pensamento, mas olhou fixamente para Kathryn. – Eu?
Por mais estranho que parecesse, Kathryn se sentiu mais à vontade agora que a questão tinha vindo à tona. Ela havia lidado com um grande número de executivos difíceis em sua carreira

e sabia se colocar com firmeza diante de pessoas chocadas. Mas Mikey era mais inteligente do que a média dos executivos.

– Com base em que você está dizendo isso? – Mikey indagou, firme.

Sem perder a calma, Kathryn explicou:

– Mikey, você não respeita seus colegas nem se mostra disposta a se abrir para eles. Durante as reuniões, causa um impacto extremamente perturbador e desmotivador em todos. Inclusive em mim.

Por mais que soubesse que dissera a verdade, Kathryn teve a repentina consciência de quanto suas acusações afetariam alguém que não estava familiarizado com uma situação desse tipo.

– Você acha que não respeito meus colegas? O problema é que *eles* não me respeitam. – Quando as palavras saíram de sua boca, Mikey pareceu se dar conta da gravidade da autoacusação acidental que acabara de fazer. Um pouco atrapalhada, ela tentou esclarecer. – Eles não valorizam o conhecimento que possuo nem minha experiência. E não entendem nada de comercialização de softwares.

Kathryn ouviu em silêncio, e tudo que Mikey falava a deixava mais confiante em sua decisão. Percebendo isso, Mikey reagiu com mais calma, mas com um inegável veneno em sua fala.

– Kathryn, como você acha que o conselho vai reagir à minha saída da equipe? Em menos de um mês, você terá perdido o chefe de vendas e o de marketing. Se eu fosse você, ficaria muito preocupada com seu emprego.

– Aprecio sua preocupação, Mikey. – Kathryn falou com um ligeiro toque de sarcasmo. – Mas meu trabalho não é evitar confrontos com o conselho. Sou paga para construir uma equipe de executivos que consiga fazer essa empresa ir para a frente. – Ela assumiu um tom mais complacente. – E acho que você não gosta de ser parte dela.

Mikey suspirou.

– Você realmente acha que me tirar da equipe vai ajudar esta empresa?

Kathryn assentiu movendo a cabeça.

– Acho, sim. E acredito, com toda a honestidade, que será melhor para você também.

– Por que você imagina isso?

Kathryn decidiu ser o mais honesta e gentil possível.

– Bom, você pode encontrar uma empresa que valorize mais suas habilidades e seu estilo. – Kathryn quase não disse a frase seguinte, mas concluiu que Mikey gostaria de ouvi-la. – Mas acho que isso pode ser um pouco difícil se antes você não der uma olhada em si mesma.

– O que quer dizer com isso?

– Quero dizer que você é uma pessoa amarga, Mikey.

– Mas eu nunca tive problemas com isso antes.

Kathryn sabia que isso não era verdade, mas decidiu não jogar sal na ferida.

– Então não tenha dúvida de que você será mais feliz em outro lugar.

Mikey olhou fixamente para a mesa diante dela. Kathryn sentiu que ela estava se conformando com a situação, até mesmo aceitando-a. Mas se enganou.

O CONFRONTO FINAL

Mikey pediu licença para colocar os pensamentos em ordem. Alguns minutos depois, ela retornou, parecendo mais emocional e determinada do que nunca.

— Muito bem, em primeiro lugar, não vou pedir demissão. Você terá que me mandar embora. E meu marido é advogado, então não pense que vai ser fácil se você abrir um processo contra mim.

Kathryn não recuou. Mas, com total sinceridade e empatia, respondeu:

— Não estou demitindo você. E você não precisa ir.

Mikey pareceu confusa. Kathryn esclareceu a situação.

— Mas seu comportamento deve mudar completamente. E rápido. — Kathryn fez uma pausa para deixar Mikey refletir sobre essas palavras. — E, para ser honesta, não tenho certeza de que você esteja disposta a isso.

A expressão no rosto de Mikey indicou que realmente não estava. Mas ela se defendeu assim mesmo:

— Não acho que o meu comportamento seja o problema por aqui.

Kathryn respondeu:

— De fato, não é o único, mas é uma questão bem concreta. Você não interage com outros departamentos, não aceita críticas dos colegas nem pede desculpas quando sai da linha.

— E quando foi que eu saí da linha? — Mikey indagou, firme.

Kathryn ficou em dúvida se Mikey estava se fazendo de desentendida ou se ela era na verdade uma pessoa sem qualquer noção de convívio social. De qualquer maneira, a CEO teve que ser verdadeira, mas falou com calma:

– Para começar, você está sempre revirando os olhos e fazendo comentários rudes e desrespeitosos, como quando disse a Martin que ele é um filho da mãe. Você não se interessa em participar do treinamento de vendas, mesmo que isso seja necessário para alcançarmos o objetivo central da empresa. Eu diria que tudo isso significa sair da linha.

Mikey ficou em silêncio. Confrontada com evidências tão contundentes, ela, de repente, pareceu entender o peso do próprio dilema. Mas ainda tinha um argumento, que usaria antes de admitir a derrota.

– Veja bem, estou cheia de ouvir as pessoas reclamarem de mim. E tenho certeza de que não quero mudar só para me encaixar nesse grupo disfuncional. Mas não vou facilitar as coisas para você e pedir demissão. É uma questão de princípios.

Kathryn não perdeu a autoconfiança.

– Que princípios?

Mikey não conseguiu achar uma resposta concreta. Apenas olhou para Kathryn com frieza, balançando a cabeça de um lado para outro.

Quase um minuto se passou. Kathryn se esforçou para não quebrar o silêncio, esperando que Mikey refletisse e percebesse a fragilidade de seus argumentos. Finalmente, a funcionária disse:

– Quero três meses de indenização, todas as minhas opções de ações investidas e que a ata oficial registre que eu mesma pedi demissão.

Aliviada, Kathryn ficou mais que feliz em concordar em ceder tudo o que ela exigia. Mas ela sabia que seria melhor não dizer isso naquele momento.

– Não estou muito certa quanto a isso, mas verei o que posso fazer.

Alguns segundos de silêncio desagradável se seguiram.

– Então você quer que eu vá embora agora mesmo? Digo, não devo ficar nem para o jantar?

Kathryn negou balançando a cabeça.

– Na semana que vem, você pode pegar suas coisas no escritório e ir ao departamento de recursos humanos para dar entrada nos papéis, pressupondo que eu consiga o que você quer.

– Você sabe que o seu pessoal está perdido, não sabe? – Mikey iria punir Kathryn de um jeito ou de outro. – Você não tem mais líderes de vendas nem de marketing. E eu não ficaria surpresa se alguém da minha equipe deixasse a empresa como resultado disso.

Mas Kathryn estava habituada a esse tipo de situação e já passara tempo suficiente com o pessoal de Mikey para saber que seus subordinados também enxergavam as mesmas falhas na chefe. Mesmo assim, ela achou que seria melhor demonstrar algum grau de preocupação.

– Bem, é claro que vou entender se isso acontecer, mas espero que não seja o caso.

Mikey balançou a cabeça novamente, como se estivesse prestes a dizer mais alguma coisa desagradável. Então pegou sua maleta e se retirou.

Artilharia

Kathryn passou o resto do intervalo caminhando pelos vinhedos. Quando a reunião recomeçou, ela estava renovada – mas totalmente despreparada para o que estava por vir.

Antes que conseguisse tocar no assunto, Nick perguntou:
– Onde está Mikey?

Kathryn quis dar a notícia sem parecer aliviada demais.
– Ela não vai voltar. Está deixando a empresa.

As pessoas ao redor da mesa não tiveram a reação esperada por Kathryn. Elas pareceram surpresas.
– Como isso aconteceu? – Jan indagou.

– Bem, o que estou prestes a dizer precisa ser mantido em segredo, devido a questões legais relacionadas a funcionários que saem da empresa.

Todos concordaram. Kathryn foi direta.

– Não vi Mikey se mostrar disposta a ajustar seu comportamento, e isso estava prejudicando a equipe. Então pedi a ela que saísse.

Todos ficaram em silêncio. Apenas olharam uns para os outros e para os panfletos sobre a mesa.

Finalmente, Carlos falou:
– Uau, não sei o que dizer. Como ela encarou isso? O que vamos fazer em relação ao marketing?

Nick prosseguiu com as perguntas.
– O que vamos dizer aos funcionários? E à imprensa?

Apesar de admirada com aquela reação, Kathryn logo respondeu:

– Não quero falar muito sobre como Mikey reagiu. Ela ficou um pouco surpresa e irritada, nada que não fosse esperado em uma situação como essa.

O grupo esperou que Kathryn falasse sobre as outras questões. Ela continuou:

– E quanto ao que faremos em relação ao marketing, vamos começar a procurar um novo diretor. Mas temos muitas pessoas bastante capacitadas na empresa neste momento que podem fazer as coisas andarem até lá. Não me preocupo com isso.

Todos pareceram concordar com a explicação de Kathryn.

– E nós vamos apenas dizer aos funcionários e à imprensa que Mikey está seguindo em frente. Acho que não devemos nos deixar intimidar pela reação inicial das pessoas. Se trabalharmos juntos e progredirmos, não teremos problemas nem com funcionários nem com analistas. E acho que não será surpresa para a maioria das pessoas, principalmente os funcionários.

Por mais confiante que Kathryn estivesse, e por mais convincente que fosse sua argumentação, o ânimo da equipe estava abalado. Kathryn sabia que teria que se esforçar para fazer seus subordinados se concentrarem no trabalho. Ela não mensurou quanto mais teria que trabalhar para que a questão Mikey tivesse um ponto final.

Trabalho pesado

Durante o resto da noite e até a tarde seguinte, o grupo se concentrou nos detalhes da empresa, com atenção especial às vendas. Embora tivessem feito um progresso real, Kathryn não podia negar que a saída de Mikey continuava pesando no ambiente. Ela resolveu enfrentar o perigo.

Quando o almoço terminou, Kathryn conversou com o grupo:

— Gostaria de tirar alguns minutos para lidar com o elefante na sala. Quero saber como estão se sentindo com a saída de Mikey, porque precisamos estar certos de que estamos lidando com isso como equipe antes que eu explique a situação diante da empresa na semana que vem.

Embora isso sempre a surpreendesse, Kathryn sabia, por experiências passadas, que a saída até mesmo do funcionário mais difícil provocava algum grau de luto e incerteza entre os colegas.

Os membros da equipe se entreolharam para decidir quem falaria primeiro. E foi Nick:

— Acho que estou um pouco preocupado em perder mais um membro da equipe executiva.

Kathryn assentiu para demonstrar que reconhecia a preocupação de Nick, mas, na verdade, ela queria dizer "Mas ela nunca foi um membro desta equipe!". Jan acrescentou:

— Sei que ela era uma pessoa difícil, mas o trabalho dela era de boa qualidade. E o marketing é crucial neste momento. Talvez devêssemos tê-la tolerado.

Kathryn balançou a cabeça para indicar que estava ouvindo e perguntou:
– Mais alguém?
Martin levantou a mão, deixando claro que estava prestes a dizer algo que não queria.
– Fico me perguntando quem será o próximo.
Kathryn fez uma pausa antes de comentar:
– Vou contar a vocês uma história bem rápida sobre mim mesma. Um episódio do qual não tenho muito orgulho.
Isso prendeu a atenção de todos. Kathryn franziu a testa, como se não quisesse fazer o que estava prestes a fazer.
– Quando eu estava no último trimestre da faculdade, fui contratada temporariamente por uma famosa empresa de varejo em São Francisco, onde eu chefiava um pequeno departamento de analistas financeiros. Era a minha primeira posição de liderança, e eu queria ser efetivada na empresa depois que eu me formasse.
Apesar de suas limitações como oradora, Kathryn tinha muito jeito para contar histórias. E continuou:
– Meu grupo era muito bom. Todos trabalhavam duro, mas havia um sujeito em particular que fazia mais relatórios, e melhores, do que qualquer outro funcionário. Vou chamá-lo de Fred. Ele assumia qualquer tarefa que eu lhe delegasse e se tornou meu funcionário mais confiável.
– Esse é o tipo de problema que eu queria ter – Nick comentou.
Kathryn levantou as sobrancelhas.
– Bem, a história não acaba por aqui. Além de mim, ninguém no departamento suportava o tal Fred. E, para ser honesta, ele também me irritava muito. Ele não ajudava ninguém no trabalho e fazia com que todos soubessem quanto era melhor no que fazia, algo que ninguém podia negar, nem mesmo quem o odiava. Meu pessoal veio até mim várias vezes reclamar de Fred. Eu ouvia com atenção e até falava com o rapaz, sem muita convicção, sobre

melhorar seu comportamento. Mas, em geral, eu ignorava as críticas porque tinha certeza de que todos se ressentiam do talento dele. Mais importante ainda, eu não abriria mão do meu melhor funcionário.

Ao redor da mesa, as pessoas pareciam entender a situação. Kathryn prosseguiu:

– Com o passar do tempo, a produção do departamento começou a cair, então dei mais trabalho para Fred, que reclamava um pouco, mas conseguia dar conta das tarefas. Eu achava que ele estava carregando o departamento nas costas. Em pouco tempo, o ânimo no departamento começou a se deteriorar mais depressa que nunca, e o desempenho foi piorando cada vez mais. Novamente, vários analistas vieram reclamar comigo sobre Fred, e ficava cada vez mais claro que ele estava de fato contribuindo para os problemas do grupo muito mais do que eu imaginava. Depois de uma noite sem dormir, com a cabeça a mil, tomei minha primeira grande decisão.

Jeff tentou adivinhar:

– Você o mandou embora.

Kathryn sorriu meio envergonhada.

– Não, eu o promovi.

Todos ficaram de boca aberta. Kathryn balançou a cabeça.

– Isso mesmo. Fred foi a primeira pessoa que promovi a gerente. Duas semanas depois, três dos meus analistas pediram demissão e o departamento ficou caótico. Atrasamos nossos trabalhos, e meu chefe me chamou para saber o que estava acontecendo. Expliquei a ele a situação com Fred e por que eu havia perdido os outros analistas. No dia seguinte, ele tomou uma grande decisão.

Jeff adivinhou outra vez:

– Ele o demitiu.

Kathryn sorriu de uma forma ao mesmo tempo dolorosa e engraçada.

– Quase. Ele *me* demitiu.

Todos ficaram surpresos. Jan quis fazê-la se sentir melhor.

– Mas as empresas não costumam despedir contratados por trabalho temporário.

Kathryn foi sarcástica:

– Tudo bem. Vamos dizer apenas que meu cargo foi cortado abruptamente e que eles nunca me chamaram de volta.

Nick e Martin sorriram, tentando não gargalhar. Kathryn completou o pensamento deles:

– Definitivamente, fui demitida.

Todos riram.

– O que aconteceu com Fred? – Jeff indagou.

– Ouvi dizer que ele pediu demissão algumas semanas depois e que contrataram outra pessoa para dirigir o departamento. O desempenho da equipe melhorou sensivelmente poucos meses depois da partida dele, mesmo com três analistas a menos.

– Você está dizendo que o comportamento de Fred por si só conseguiu prejudicar a produção do grupo?

– Na verdade, não foi o comportamento dele.

Todos pareceram confusos.

– O que prejudicou foi o fato de eu ter tolerado o comportamento dele. Eles demitiram a pessoa certa.

A equipe ficou em silêncio. Pareciam estar sentindo a dor da chefe e fazendo a óbvia associação entre a história de Kathryn e os acontecimentos do dia anterior.

Depois de um instante, Kathryn voltou à questão presente.

– Não planejo perder nenhum de vocês. E foi por isso que fiz o que fiz.

Naquele momento, todos os presentes a compreenderam.

REAGRUPAMENTO

De volta ao escritório, Kathryn fez uma reunião geral para discutir a saída de Mikey e outras questões da empresa. Apesar de sua típica postura cuidadosa e gentil, a notícia provocou mais preocupações entre os funcionários do que a direção esperava. E, embora tivessem concordado que a reação tinha mais a ver com o significado simbólico da demissão do que com a perda de Mikey para a equipe, isso mexeu com o ânimo do grupo.

Sendo assim, durante a reunião seguinte, Kathryn decidiu que os executivos deveriam dedicar um bom tempo discutindo como substituiriam a diretora de marketing. Após um acalorado debate sobre a promoção ou não de um dos subordinados diretos de Mikey, Kathryn se pronunciou:

– Muito bem. A discussão foi boa, e acho que ouvi a opinião de todos. Alguém tem algo a acrescentar? – Como ninguém se manifestou, Kathryn continuou. – Acredito que precisamos encontrar alguém que faça o departamento progredir e que nos ajude com o fortalecimento da marca. Por mais que eu prefira promover alguém que já seja da empresa, não vejo ninguém capacitado no departamento. Portanto, acho que devemos começar a procurar um novo diretor de marketing.

Todos na sala demonstraram apoio, até os que haviam se mostrado a favor de uma promoção interna.

– Mas posso garantir a vocês que vamos encontrar a pessoa certa. Isso significa que todos aqui vão entrevistar candidatos e tentar descobrir alguém que demonstre confiança, se envolva em conflitos, se comprometa com as decisões do grupo, chame a atenção dos colegas e se concentre nos resultados da equipe, e não no próprio ego.

Kathryn estava certa de que seu pessoal havia começado a acreditar em suas teorias. Após pedir a Jeff que organizasse a busca do novo diretor, ela passou a falar sobre vendas.

Nick relatou que havia feito progresso em determinados projetos importantes e que ainda estavam batalhando em algumas regiões do país.

– Acho que precisamos de mais pessoas nas ruas – concluiu ele.

Jan sabia que Nick estava pedindo mais dinheiro, e tentou tirar essa ideia da cabeça dele:

– Não quero assumir mais despesas porque isso só significa que suas cotas irão aumentar. Não queremos entrar em uma espiral mortal.

Nick respirou fundo e, exasperado, balançou a cabeça como se dissesse "Lá vem ela outra vez". Antes que alguém conseguisse entender o que estava acontecendo, Nick e Jan estavam dando socos na mesa, tentando convencer um ao outro, e ao resto da equipe, de que a própria abordagem era a certa.

Durante uma breve pausa na discussão, Jan, frustrada, deixou-se cair na cadeira e proclamou:

– Nada mudou por aqui! Talvez o problema não tivesse nada a ver com Mikey, afinal.

Kathryn entrou na discussão, sorrindo.

– Espere um momento. Não vejo nada errado aqui. Este é o tipo de conflito sobre o qual estamos falando desde o início do mês. É perfeito.

Jan tentou se explicar:

– Não vejo dessa maneira. Ainda tenho a impressão de que estamos brigando.

– Nós *estamos* brigando, mas a respeito de questões. Essa é a sua função. Se não for assim, você acaba deixando que seu pessoal tente resolver problemas que eles não podem solucionar. Eles querem que vocês discutam isso aqui dentro, para que recebam orientações claras.

Jan parecia cansada.

– Espero que valha a pena.

Kathryn sorriu outra vez.

– Confie em mim. Vai valer a pena de mais maneiras do que você imagina.

Nas duas semanas seguintes, Kathryn ficou mais exigente do que nunca em relação ao comportamento de cada um de seus subordinados. Ela queixou-se com Martin por abalar a confiança mostrando-se presunçoso durante as reuniões; forçou Carlos a confrontar a equipe dele quanto à falta de resposta aos problemas dos consumidores; e, mais de uma vez, ficou até tarde ao lado de Jan, analisando as batalhas orçamentárias que precisavam ser enfrentadas.

Entretanto, mais importante do que tudo que Kathryn fez foi a resposta que recebeu dos membros de sua equipe. Por mais resistentes que se mostrassem no momento, ninguém questionou se deveriam fazer o que ela determinava. Todos demonstraram um verdadeiro senso de objetivo coletivo.

A única questão que permaneceu na mente de Kathryn foi se ela conseguiria manter aquele clima por tempo suficiente para que todos testemunhassem os benefícios resultantes.

Parte quatro

Tração

COLHEITA

Embora o último retiro em Napa Valley tenha acontecido em meio a uma atmosfera diferente, o discurso que o iniciou já era conhecido:

– Temos executivos mais experientes do que qualquer um de nossos concorrentes. Temos mais dinheiro em caixa do que eles. Graças a Martin e sua equipe, temos melhor tecnologia de base. E também temos uma equipe de executivos mais conectada. Entretanto, estamos atrás de dois de nossos concorrentes em termos de receita e de aumento do número de clientes, e acho que todos nós aqui sabemos por quê.

Nick levantou a mão.

– Kathryn, eu gostaria que você parasse de dizer isso.

Um mês antes, todos na sala teriam ficado chocados por uma afirmativa tão áspera, mas nesse momento ninguém pareceu alarmado.

– Por quê? – Kathryn perguntou.

Nick franziu a testa, tentando encontrar as palavras certas.

– Acho que isso era mais adequado algumas semanas atrás, quando estávamos muito mais... – Nick não precisou terminar a frase.

Kathryn explicou da forma mais gentil possível:

– Vou parar de dizer isso quando isso deixar de ser verdade. Ainda estamos atrás de dois de nossos concorrentes e ainda não chegamos aonde deveríamos como equipe. Mas isso não quer dizer que não estamos no caminho certo. Na verdade, a primeira coisa que vamos fazer hoje é dar um passo para trás e identificar em que ponto estamos como equipe.

Kathryn voltou ao quadro branco e desenhou o triângulo novamente, preenchendo-o com as cinco disfunções.

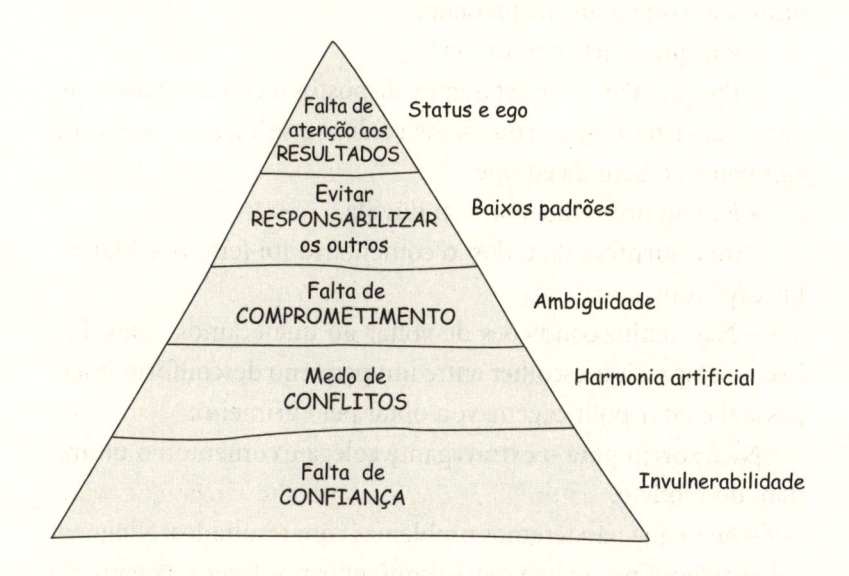

```
              Falta de      Status e ego
             atenção aos
             RESULTADOS
              Evitar
           RESPONSABILIZAR   Baixos padrões
              os outros
              Falta de
           COMPROMETIMENTO   Ambiguidade
              Medo de
              CONFLITOS      Harmonia artificial

              Falta de
              CONFIANÇA      Invulnerabilidade
```

Em seguida, ela perguntou:

– Como estamos nos saindo?

A equipe refletiu sobre a pergunta enquanto reexaminava o modelo. Finalmente, Jeff disse:

– Nós certamente confiamos uns nos outros mais do que um mês atrás, embora eu ainda ache que é cedo demais para dizer que não existe mais trabalho a desenvolver. – Todos assentiram.

Jan acrescentou:

– E estamos melhorando nos conflitos, embora eu não possa dizer que já tenha me acostumado com eles.

Kathryn a confortou:

– Acho que ninguém se acostuma plenamente com conflitos. Se não for um pouco desconfortável, não é real. O segredo é continuar a promovê-los assim mesmo.

Jan aceitou a explicação, e Nick entrou na conversa.

– Em relação a comprometimento, nós realmente começamos a melhorar em termos de apoio a objetivos e resultados. Isso não é problema. Mas o próximo item, sobre responsabilizar os outros, é o que mais me preocupa.

– Por quê? – Jeff perguntou.

– Porque não sei se estaremos dispostos a cobrar quando alguém não fizer o que ficou estabelecido, ou se alguém começar a agir contra o bem da equipe.

– *Eu* vou ficar em cima, sem dúvida.

Para a surpresa de todos, o comentário foi feito por Martin. Ele explicou:

– Não tenho condições de voltar ao que éramos antes. Por isso, se eu precisar escolher entre um pequeno desconforto interpessoal e fazer politicagem, vou optar pelo primeiro.

Nick sorriu para o extravagante colega e comentou o último item do modelo.

– Acho que não teremos problemas com resultados. Ninguém vai sair daqui numa boa se não conseguirmos fazer esta empresa decolar.

Kathryn nunca se sentira tão satisfeita por ver uma sala cheia de pessoas concordando, mas achou melhor não admitir isso para não encher demais a bola da equipe.

– Ouçam, concordo com a maior parte do que vocês disseram sobre a equipe. Vocês estão no caminho certo, mas quero que saibam que, nos próximos meses, haverá muitos dias nos quais vocês se perguntarão se fizeram mesmo algum progresso. Serão necessárias mais do que algumas semanas de mudança comportamental antes de enxergarmos um impacto real nos resultados.

A equipe estava concordando com ela com bastante facilidade, então Kathryn decidiu que precisava provocá-los mais uma vez:

– Digo isso porque ainda não saímos da zona de perigo. Já vi muitos grupos voltarem ao que eram antes quando já estavam muito mais à frente do que o nosso. Precisamos de disciplina e persistência para mantermos o que estamos fazendo.

Por pior que se sentisse por desanimá-los, Kathryn ficou aliviada por tê-los preparado para os percalços que todo grupo enfrenta no caminho para a resolução de suas disfunções. E, nos dois dias seguintes, a equipe enfrentou esses problemas. Trabalhando juntos, algumas vezes com espírito de cooperação e outras querendo enforcar uns aos outros, os membros do grupo lutaram para resolver as questões da empresa e se esforçaram para chegar a uma solução. Por mais irônico que pareça, eles quase nunca discutiam a noção de trabalho em equipe em si, o que Kathryn interpretou como sinal de progresso. Duas coisas que ela observou durante os intervalos e refeições confirmaram que estava certa.

A primeira foi que todos da equipe passaram a permanecer juntos, optando por não saírem sozinhos, como haviam feito nos retiros anteriores. A segunda foi que eles estavam mais barulhentos que nunca, e se ouviam muitas risadas. No fim da sessão, embora estivessem claramente exaustos, todos se mostraram ansiosos para marcar as reuniões de acompanhamento uns com os outros quando retornassem ao escritório.

Prova de coragem

Algum tempo após o último retiro, Kathryn fez uma reunião trimestral com duração de dois dias, em um hotel local. O novo diretor de marketing, Joseph Charles, havia se juntado à DecisionTech uma semana antes e estava participando de sua primeira reunião com o grupo.

Kathryn começou a sessão fazendo um anúncio para o qual ninguém estava preparado:

– Lembram-se da Green Banana? A empresa que pensamos em adquirir no trimestre passado?

Todos assentiram.

– Bem, Nick estava certo quanto a eles serem um possível concorrente. Eles querem nos comprar.

Todos, menos Jeff, que era do conselho e já sabia da novidade, ficaram chocados. Mas ninguém ficou mais chocado do que Nick, que perguntou:

– Mas eles não estavam com problemas financeiros?

– Estavam, mas devem ter levantado uma enorme quantia de dinheiro no mês passado e ficaram com vontade de comprar alguma coisa. Eles já nos fizeram uma oferta – explicou Kathryn.

– E vale a pena? – Jan perguntou.

Kathryn procurou o valor em suas anotações.

– Ofereceram bem mais do que o que valemos hoje. Todos nós ganharíamos um bom dinheiro.

Jan estava curiosa:

– O que o conselho disse?

Jeff respondeu por Kathryn:
— Deixaram a decisão em nossas mãos.
Ninguém se manifestou. Foi como se estivessem calculando os ganhos potenciais e tentando colocar a oferta em algum tipo de contexto.
Finalmente, uma voz quase irada, com sotaque britânico, quebrou o silêncio:
— De jeito nenhum!
Todos se viraram na direção do diretor técnico. Nunca antes alguém tinha ouvido ele falar com tanta paixão:
— Nunca vou entregar o que construí a uma empresa que tem um nome bobo como esse.
O grupo quase morreu de rir. Jan os trouxe de volta à realidade.
— Acho que não devemos descartar essa hipótese tão rápido. Não temos garantias de que vamos obter sucesso. E é muito dinheiro.
Jeff acrescentou um ponto:
— O conselho acha que não é uma oferta ruim.
Martin pareceu não acreditar em Jeff.
— Então por que deixaram a decisão em nossas mãos?
Jeff fez uma pausa por um momento, antes de explicar:
— Porque querem saber se queremos lutar pela empresa. Se estamos de fato comprometidos com ela e uns com os outros.
Joseph resumiu a situação:
— Parece que é uma prova de coragem.
Carlos falou pela primeira vez na reunião.
— Eu voto contra.
— Eu também. Sem a menor sombra de dúvida — opinou Jeff.
Nick assentiu movendo a cabeça, assim como Kathryn e Joseph. Martin olhou para Jan.
— E você, o que diz?
Ela hesitou por um instante.

– Green Banana? Você só pode estar brincando.

Todos caíram na risada.

Kathryn logo recuperou o foco da reunião, desejando capturar aquele estado de ânimo e direcioná-lo aos problemas reais.

– Muito bem, temos muitos tópicos importantes para discutir hoje. Então vamos começar.

Nas várias horas que se seguiram, o grupo explicou as cinco disfunções a Joseph. Nick falou sobre a importância da confiança. Jan e Jeff falaram sobre conflitos e comprometimento. Carlos descreveu "responsabilizar" no contexto de uma equipe e Martin concluiu falando sobre resultados. Eles reviram a pontuação de Joseph no teste de Myers-Briggs, e explicaram a ele os papéis e responsabilidades de seus novos colegas, assim como seus objetivos coletivos.

O mais importante de tudo foi que eles passaram o resto do dia envolvidos em um dos debates mais acalorados que Joseph já presenciara, e terminaram esses debates com acordos claros e nenhum vestígio de rancor ou amargura. Eles discutiram seriamente uma ou duas vezes, de uma forma que provocou desconforto em Joseph, mas, em todas as situações, o embate se concentrou em resultados.

No fim da sessão, Joseph pensou consigo mesmo que havia se juntado a uma das equipes de executivos mais rara e intensa que ele já vira, e mal podia esperar para ser parte ativa dela.

A MARCHA

No decorrer do ano seguinte, a DecisionTech viu suas vendas crescerem exponencialmente e alcançou seus objetivos de receita em três dos quatro trimestres. Agora a empresa estava em primeiro lugar no setor, mas empatada com sua maior rival, ou seja, ainda não a havia ultrapassado.

Com a substancial melhora em seu desempenho, a empresa viu diminuir a rotatividade de funcionários e testemunhou um grande aumento no ânimo geral, a não ser quando não se saiu tão bem por um breve período.

O interessante foi que, quando isso aconteceu, o próprio presidente ligou para Kathryn para que ela não se sentisse decepcionada, pois o progresso alcançado até aquele momento era inegável.

Com mais de 250 funcionários, Kathryn decidiu que era hora de diminuir o número de executivos que se reportavam diretamente a ela. A CEO achava que, quanto maior a empresa, menor deveria ser a equipe de alto escalão. E com a contratação de um novo chefe de vendas e de um diretor de marketing, seu grupo agora estava com oito membros, quantidade que ela achava difícil de administrar. Não porque não fosse capaz de manter as conversas individuais semanais, mas porque ficava cada vez mais difícil realizar discussões fluidas e substanciais com nove pessoas ao mesmo tempo. Mesmo com a nova atitude coletiva dos membros da equipe, seria apenas uma questão de tempo até que os problemas começassem a aparecer.

Sendo assim, mais de um ano depois do último retiro em Napa, Kathryn resolveu fazer algumas mudanças organizacionais que ela, de forma delicada, mas confiante, explicou a cada um dos membros de sua equipe. Nick voltaria a assumir o papel de diretor de operações, um título que ele, finalmente, achou que merecia. Carlos e o novo chefe de vendas se reportariam a ele e não fariam mais parte da equipe direta da CEO. O pessoal dos recursos humanos se reportaria a Jan, deixando Kathryn com cinco subordinados diretos: Martin, como diretor técnico; Jan, como diretora financeira; Nick, como diretor de operações; Joseph, como diretor de marketing; e Jeff, como desenvolvedor de negócios.

Uma semana depois, aconteceu outro encontro de dois dias. Antes que Kathryn começasse a reunião, Jan perguntou:

– Onde está Jeff?

Kathryn respondeu casualmente.

– Quero começar falando sobre isso hoje. Jeff não virá mais a essas reuniões.

Todos ficaram perplexos. Tanto pelo que Kathryn dissera como pela pouca emoção que ela demonstrara.

Finalmente, Jan fez a pergunta que todos queriam fazer:

– Jeff pediu demissão?

Kathryn ficou um pouco surpresa diante da pergunta.

– Não.

Martin então continuou:

– Você não o demitiu, certo?

De repente Kathryn entendeu o que se passava na cabeça de todos.

– Não, é claro que não. Por que eu demitiria Jeff? É que ele vai se reportar a Nick a partir de agora. Devido ao seu novo cargo na empresa, nós dois achamos que faria mais sentido ele não vir mais.

Ao mesmo tempo que estavam aliviados por seu pior medo ter sido afastado, ainda havia algo que os incomodava. Jan não conseguiu se controlar:

– Kathryn, claro que entendo que faça todo o sentido. E, francamente, tenho certeza de que Nick está satisfeito por ter Jeff na equipe dele. – Nick assentiu movendo a cabeça, e Jan prosseguiu: – Mas você não acha que ele está decepcionado por não se reportar mais diretamente a você? Sei que não devemos nos preocupar com status, ego e tudo o mais, mas ele é um membro do conselho, e é o cofundador. Você pensou bem no que isso significa para ele?

Kathryn sorriu, orgulhosa, satisfeita por eles terem feito com que ela explicasse o que desejava dizer desde o início do encontro.

– Mas, gente, essa ideia foi do próprio Jeff.

Essa justificativa não havia ocorrido a nenhum deles. Kathryn prosseguiu:

– Ele disse que, por mais que quisesse ficar na equipe, faria mais sentido para ele ser membro da equipe de Nick. Na verdade, dei a ele a chance de mudar de ideia, mas ele insistiu em que essa era a coisa certa a fazer, para a empresa e para a equipe.

Kathryn deu um tempo para que todos usufruíssem de um silencioso momento de admiração pelo ex-CEO deles. Então disse:

– Acho que devemos a Jeff e a todos nesta empresa que ela seja um sucesso. Vamos começar.

O MODELO

Criar uma equipe coesa não é uma tarefa complicada. Na verdade, simplificar o processo é essencial, não importa se você é o diretor administrativo de uma empresa multinacional, o líder de um pequeno departamento dentro de uma organização maior ou mesmo que você seja apenas membro de uma equipe que precisa de aprimoramento. Tendo isso em mente, a seção seguinte é um guia claro, prático e conciso de como usar o Modelo das Cinco Disfunções para melhorar a sua equipe. Boa sorte.

UMA VISÃO GERAL DO MODELO

Ao longo de minha experiência trabalhando com CEOs e suas equipes, duas verdades essenciais se tornaram claras para mim. A primeira é que, na maioria das organizações, o verdadeiro trabalho em equipe continua tão ilusório quanto sempre foi. A segunda é que as empresas não conseguem um bom trabalho em equipe porque, sem perceber, caem em cinco armadilhas naturais, porém perigosas, que eu chamo de disfunções.

Essas disfunções podem ser interpretadas de forma equivocada como cinco questões independentes umas das outras. Mas, na verdade, elas formam um modelo inter-relacionado, no qual a suscetibilidade a apenas uma disfunção pode ser letal para o sucesso de toda a equipe. Uma visão geral de cada uma delas e o modelo que formam juntas deve deixar isso mais claro:

Falta de atenção aos RESULTADOS

Evitar RESPONSABILIZAR os outros

Falta de COMPROMETIMENTO

Medo de CONFLITOS

Falta de CONFIANÇA

1. A primeira disfunção é a **falta de confiança** entre os membros da equipe. Em essência, isso vem da falta de vontade de cada um de se mostrar vulnerável dentro do grupo. Os membros da equipe que não se abrem com os outros sobre seus erros e fraquezas impossibilitam a criação de uma base de confiança.
2. Essa incapacidade de criar confiança é prejudicial, pois cria um ambiente propício para a segunda disfunção: **medo de conflitos**. Os membros da equipe que não confiam uns nos outros são incapazes de promover debates acalorados em que não se meçam palavras. Em vez disso, apelam para discussões veladas e comentários reservados.
3. A falta de conflitos saudáveis é um problema porque forma a base para a terceira disfunção: **falta de comprometimento**. Como não expressam suas opiniões em debates abertos e acalorados, os membros da equipe raramente ou nunca aceitam as decisões tomadas nem se comprometem com elas, embora finjam concordar com elas nas reuniões.
4. Por causa dessa falta de comprometimento e de concordância, os membros da equipe tendem a **evitar responsabilizar os outros**, a quarta disfunção. Como não se comprometem com um plano de ação claro, até as pessoas mais focadas e motivadas costumam hesitar em chamar a atenção de seus colegas em relação a atitudes e comportamentos que sejam contraproducentes para o sucesso da equipe.
5. Uma vez que não apontam as responsabilidades uns dos outros, os membros da equipe criam um ambiente propício para a quinta disfunção. A **falta de atenção aos resultados** ocorre quando os funcionários colocam suas necessidades individuais (como ego, sucesso na carreira ou reconhecimento), ou mesmo as necessidades de seus departamentos, acima dos objetivos coletivos da equipe.

Sendo assim, da mesma forma que uma corrente se desfaz quando apenas um elo é quebrado, o trabalho de grupo se deteriora se uma única disfunção se manifesta.

Outra maneira de entender esse modelo é usar a abordagem oposta – positiva – e imaginar como os membros das equipes coesas se comportam:

1. Eles confiam uns nos outros.
2. Eles se envolvem em conflitos nos quais tudo é debatido.
3. Eles se comprometem com decisões e planos de ação.
4. Eles chamam a atenção dos colegas quando estes agem contra os planos já estabelecidos.
5. Eles focam o alcance de objetivos coletivos.

Parece muito simples porque realmente é, pelo menos na teoria. Mas é extremamente difícil colocar esse modelo em prática, pois isso exige níveis de disciplina e persistência que poucas equipes são capazes de reunir.

Antes de aprofundar seus conhecimentos sobre cada uma das disfunções e explorar maneiras de vencê-las, é interessante que você avalie a sua equipe e identifique em sua organização onde estão as oportunidades para aprimoramento.

AVALIAÇÃO DA EQUIPE*

O questionário a seguir é uma ferramenta direta de diagnóstico, cujo objetivo é ajudá-lo a avaliar a suscetibilidade de sua equipe às cinco disfunções. No fim do questionário, na página 178, há uma explicação simples sobre como calcular os resultados e interpretar as possíveis conclusões. Se for possível, faça com que todos os membros da sua equipe respondam ao questionário e analise os resultados, discutindo discrepâncias nas respostas e identificando quaisquer implicações claras para o grupo.

---

* Nenhuma parte desta avaliação pode ser reproduzida, armazenada em um sistema de recuperação ou transmitida sob qualquer forma ou por qualquer meio eletrônico, mecânico, através de fotocópia, gravação, escaneamento, etc.

Instruções: Use a escala a seguir para indicar quanto cada proposição se aplica à sua equipe. É importante avaliar as afirmações com honestidade e sem pensar demais antes de responder.

3 = com frequência
2 = às vezes
1 = raramente

____ 1. Os membros da equipe são veementes e espontâneos quando discutem questões de interesse comum.
____ 2. Os membros da equipe criticam as falhas ou os comportamentos contraproducentes uns dos outros.
____ 3. Os membros da equipe sabem exatamente em que seus colegas estão trabalhando e como eles contribuem para o bem coletivo.
____ 4. Os membros da equipe pedem desculpas sinceras uns aos outros quando dizem ou fazem algo inapropriado ou que possa prejudicar a equipe.
____ 5. Os membros da equipe fazem sacrifícios (em termos, por exemplo, de orçamento, território, número de pessoal) de boa vontade em seus departamentos ou áreas de conhecimento, pelo bem da equipe.
____ 6. Os membros da equipe admitem abertamente suas fraquezas e seus erros.
____ 7. As reuniões de equipe são instigantes, e não tediosas.
____ 8. Os membros da equipe saem das reuniões confiantes em que seus colegas estão totalmente comprometidos com as decisões acordadas, ainda que tenha havido uma discordância inicial.
____ 9. O ânimo da equipe é afetado de forma significativa quando algum objetivo coletivo não é alcançado.
____ 10. Durante as reuniões de equipe, as questões mais importantes – e difíceis – são colocadas em pauta para serem resolvidas.

———— 11. Os membros da equipe se preocupam em não decepcionar os colegas.
———— 12. Os membros da equipe conhecem a vida pessoal uns dos outros e se sentem à vontade falando sobre esse tema.
———— 13. Os membros da equipe terminam as discussões com resoluções claras e específicas e com tarefas a realizar.
———— 14. Os membros da equipe desafiam-se uns aos outros em relação a seus planos e abordagens.
———— 15. Os membros da equipe demoram a cobrar o crédito das próprias contribuições, mas são rápidos em apontar as contribuições dos colegas.

> Para quem se interessar por uma análise mais rigorosa do desempenho da equipe, o Table Group oferece um teste de avaliação on-line, em inglês. Esse teste contém dados customizados, identificando os pontos fortes e fracos da equipe e trazendo recomendações para vencer as disfunções, além de instruções específicas para avaliar os resultados.
> Visite www.tablegroup.com/dysfunctions para mais informações.

PONTUAÇÃO:

Some seus pontos como indicado abaixo:

Disfunção 1	Disfunção 2	Disfunção 3	Disfunção 4	Disfunção 5
Falta de confiança	Medo de conflitos	Falta de comprometimento	Evitar responsabilizar os outros	Falta de atenção aos resultados
Afirmação 4: ___	Afirmação 1: ___	Afirmação 3: ___	Afirmação 2: ___	Afirmação 5: ___
Afirmação 6: ___	Afirmação 7: ___	Afirmação 8: ___	Afirmação 11: ___	Afirmação 9: ___
Afirmação 12: ___	Afirmação 10: ___	Afirmação 13: ___	Afirmação 14: ___	Afirmação 15: ___
Total: ___	Total: ___	Total: ___	Total: ___	Total: ___

Se você fez 8 ou 9 pontos, é provável que a respectiva disfunção não seja um problema em sua equipe.
Se você fez 6 ou 7 pontos, a disfunção pode ser um problema.
Se você fez de 3 a 5 pontos, é sinal de que as disfunções precisam ser trabalhadas.

Independentemente de sua pontuação, é importante ter em mente que toda equipe precisa de trabalho constante, porque sem ele até os melhores grupos podem se tornar disfuncionais.

COMPREENDENDO E VENCENDO AS CINCO DISFUNÇÕES

DISFUNÇÃO Nº 1: FALTA DE CONFIANÇA

A confiança é a base de uma equipe coesa e funcional. Sem ela, o trabalho em equipe é simplesmente impossível.

Infelizmente, a palavra *confiança* é usada – e mal usada – com tanta frequência que já perdeu um pouco de seu impacto e começou a soar como qualquer outra. Por isso é importante ser bastante específico sobre o que queremos dizer com confiança.

No contexto da construção de uma equipe, confiança é a certeza, entre seus membros, de que todos têm boas intenções e de que não há motivos para ficar na defensiva ou ter reservas em relação ao grupo. Essencialmente, os colegas de equipe devem se sentir à vontade para se permitirem ser vulneráveis na frente dos outros.

Essa descrição contrasta com uma definição mais padronizada de confiança, centrada na habilidade de prever o comportamento do outro baseado em experiências passadas. Por exemplo, uma pessoa pode "confiar" em que determinado colega vai fazer um trabalho de alta qualidade porque ele sempre executa suas tarefas muito bem.

Por mais desejável que isso seja, não é suficiente para representar o tipo de confiança que caracteriza uma ótima equipe. É preciso que os membros se mostrem vulneráveis e que tenham a certeza de que suas vulnerabilidades – fraquezas, falta de habilidades, problemas interpessoais, erros e pedidos de ajuda – não serão usadas contra eles.

Uma equipe só deixa de agir na defensiva quando seus membros se sentem realmente à vontade expondo-se uns aos outros. Como consequência, eles conseguem focar sua energia e sua atenção totalmente no trabalho a ser feito em vez de tratarem uns aos outros com pouca honestidade ou em função de politicagens.

Alcançar um nível de confiança baseado na vulnerabilidade é difícil porque, no processo de formação educacional e de uma carreira, a maioria das pessoas bem-sucedidas aprende a ser competitiva e protetora da própria reputação. Desfazer esse padrão pelo bem do grupo é um grande desafio, mas é algo essencial.

A situação é muito complicada nas equipes que não conseguem esse nível de confiança, pois elas perdem uma enorme quantidade de tempo e energia administrando seus comportamentos e interações dentro do grupo, tendem a temer reuniões de equipe e relutam em assumir o risco de pedir ou oferecer ajuda aos outros. Como resultado, o ânimo costuma ser bem baixo, e a rotatividade de funcionários, alta.

Membros de equipes com falta de confiança...

- escondem suas fraquezas e seus erros uns dos outros
- hesitam em pedir ajuda ou dar feedbacks
- hesitam em oferecer ajuda a pessoas que atuam fora de suas áreas de responsabilidade
- tiram conclusões precipitadas sobre as intenções e aptidões dos outros, sem tentar esclarecê-las
- não reconhecem nem exploram as experiências e habilidades uns dos outros
- perdem tempo e energia controlando o próprio comportamento para causar boa impressão
- guardam mágoas
- temem as reuniões e encontram motivos para evitar passar algum tempo junto dos colegas

> **Membros de equipes onde existe confiança...**
> - admitem suas fraquezas e seus erros
> - pedem ajuda
> - aceitam perguntas e informações sobre suas áreas de responsabilidade
> - dão uns aos outros o benefício da dúvida antes de chegar a conclusões negativas
> - assumem riscos dando feedback e oferecendo ajuda
> - valorizam e exploram as experiências e as habilidades uns dos outros
> - investem tempo e energia em questões importantes, não em politicagens
> - oferecem e aceitam desculpas sem hesitar
> - anseiam pelas reuniões e por outras oportunidades de trabalhar em equipe

SUGESTÕES PARA ACABAR COM A DISFUNÇÃO Nº 1

Como uma equipe constrói confiança? Infelizmente, a confiança baseada na vulnerabilidade não pode ser alcançada da noite para o dia. Ela requer experiências compartilhadas com o passar do tempo, várias situações que envolvam finalização de tarefas e credibilidade, além de um profundo conhecimento dos atributos de cada membro da equipe. Entretanto, ao adotar uma abordagem centrada, o grupo pode acelerar o processo de forma significativa e alcançar confiança em curto tempo. Aqui estão algumas ferramentas que podem fazer com que isso aconteça.

Exercício de histórias pessoais. Em menos de uma hora, uma equipe pode dar os primeiros passos para o desenvolvimento da confiança. Este exercício de baixo risco não exige nada além de dar a cada membro da equipe a oportunidade de responder a uma pequena lista de perguntas sobre si mesmo. As questões não precisam ser muito profundas, e deve-se indagar o seguinte: número de irmãos, cidade natal, desafios da infância, passatempos prediletos, primeiro emprego e pior emprego. O simples fato de descrever essas características ou atributos relativamente despretensiosos faz com que os membros de uma equipe comecem a se relacionar uns com os outros em uma base mais pessoal e a se ver como seres humanos, com interessantes histórias de vida. Isso estimula mais empatia e compreensão e desencoraja julgamentos comportamentais imprecisos. É interessante observar como uma pequena quantidade de informações ajuda a quebrar barreiras. (Tempo mínimo necessário: 30 minutos.)

Exercício de eficiência da equipe. Este exercício é mais rigoroso e relevante que o anterior, podendo envolver mais riscos. Os membros da equipe devem identificar a contribuição considerada a mais importante que cada um de seus colegas faz ao grupo, assim como a área em que devem melhorar ou que precisem eliminar, pelo bem de todos. Todos os membros devem focar uma pessoa de cada vez, em geral começando com o líder da equipe.

Embora este exercício possa ser um tanto invasivo e arriscado à primeira vista, ele é incrivelmente administrável, e muitas informações úteis, construtivas e positivas podem ser extraídas em cerca de uma hora. E embora requeira algum grau de confiança para ser bem aproveitado, até uma equipe relativamente disfuncional consegue fazê-lo com muito pouca tensão. (Tempo mínimo necessário: 60 minutos.)

Perfis de preferência de personalidade e de comportamento. É uma das ferramentas mais duradouras e eficientes para a construção de confiança. Isso ajuda a quebrar barreiras, permitindo que as pessoas se entendam melhor e sintam empatia umas pelas outras.

A ferramenta de identificação de perfil que uso é a classificação tipológica de Myers-Briggs. Entretanto, há várias outras igualmente populares, sendo que a mais comum é a *DISC®*. O objetivo da maioria desses testes é oferecer descrições comportamentais práticas e cientificamente válidas dos membros de uma equipe, segundo suas diversas maneiras de pensar, falar e agir. Algumas das melhores características das ferramentas desse tipo são o fato de elas não promoverem julgamentos (nenhuma pessoa é melhor ou pior do que outra, mas todas são substancialmente diferentes), de serem baseadas em pesquisas e de proporcionarem um bom nível de participação ativa de cada um na identificação do próprio tipo. Muitas exigem a participação de um consultor licenciado, o que é importante para evitar o mau uso de suas poderosas implicações e aplicações. (Tempo mínimo necessário: quatro horas.)

Programas de feedback 360 graus. Essas ferramentas tornaram-se populares nos últimos 20 anos e podem produzir resultados valiosos para a equipe. Elas trazem mais riscos do que outras ferramentas e os exercícios descritos até agora, pois exigem que colegas façam julgamentos específicos e ofereçam críticas construtivas uns aos outros. O segredo para fazer um programa como este funcionar está em separá-lo inteiramente da avaliação formal de desempenho. Ele deve ser usado como uma ferramenta de desenvolvimento, que permita ao indivíduo identificar pontos fortes e fracos sem qualquer repercussão nas condições de trabalho. Se forem, ainda que ligeiramente, ligados à avaliação formal de desempenho, esses programas podem levar a uma perigosa insinuação política.

Exercícios experimentais em equipe. Circuitos de cordas e outras atividades experimentais em grupo parecem ter perdido parte de seu brilho nos últimos tempos. Mesmo assim, muitas equipes os utilizam, na tentativa de criar um ambiente de confiança. E, embora haja alguns benefícios derivados de rigorosas e criativas atividades ao ar livre envolvendo apoio e cooperação coletivos, esses benefícios nem sempre se manifestam diretamente no mundo do trabalho. Dito isso, os exercícios experimentais em equipe podem ser ferramentas valiosas para incrementar o trabalho em grupo desde que se enquadrem em processos mais essenciais e relevantes.

❖

Embora cada uma dessas ferramentas possa ter um impacto significativo a curto prazo na capacidade da equipe de construir confiança, elas devem ser acompanhadas de avaliações regulares no decorrer do trabalho diário. Áreas individuais de desenvolvimento precisam ser reavaliadas para assegurar que o progresso não perca o impulso. Até mesmo – e, talvez, principalmente – em uma equipe forte, a atrofia pode levar à erosão da confiança.

O PAPEL DO LÍDER

A coisa mais importante que um líder deve fazer para estimular a construção da confiança é ser o primeiro a demonstrar vulnerabilidade. Isso exige que ele se arrisque a perder prestígio diante da equipe, de maneira que seus subordinados assumam o mesmo risco. Além disso, os chefes devem criar um ambiente em que a vulnerabilidade não seja punida. Até os grupos mais bem-intencionados podem sutilmente desestimular a confiança quando seus membros punem-se uns aos outros por admitir fraquezas ou falhas. Finalmente, as demonstrações de vulnerabilidade por parte do líder devem ser verdadeiras, jamais ensaiadas. Uma das maneiras mais fáceis de perder a confiança de uma equipe é fingir vulnerabilidade com o objetivo de manipular as emoções dos outros.

CONEXÃO COM A DISFUNÇÃO Nº 2

Como tudo isso se relaciona à disfunção seguinte, o medo de conflitos? Ao construir a confiança, uma equipe cria a possibilidade de conflitos, pois seus membros não hesitam em se envolver em debates acalorados e, muitas vezes, emocionais, sabendo que não serão punidos por dizerem algo que possa ser interpretado como destrutivo ou crítico.

DISFUNÇÃO Nº 2: MEDO DE CONFLITOS

Todos os bons relacionamentos, aqueles que são de fato duradouros, exigem conflitos produtivos para evoluir. Isso se aplica a casamento, parentalidade, amizade e, com certeza, negócios.

Infelizmente, o conflito é visto como um tabu em várias situações, principalmente no trabalho. E quanto mais alto você chega na escala hierárquica, mais você encontra pessoas que gastam uma quantidade enorme de tempo e energia tentando evitar debates passionais, que são indispensáveis a qualquer equipe bem estruturada.

É importante distinguir o conflito ideológico produtivo das brigas destrutivas e das políticas interpessoais. O conflito ideológico é limitado a conceitos e ideias, e evita ataques pessoais e mal-intencionados. Entretanto, ele pode ter as mesmas qualidades que os conflitos interpessoais – paixão, emoção e frustração –, levando um observador externo facilmente a interpretá-lo como uma briga não produtiva.

Mas as equipes que se envolvem em conflitos produtivos sabem que o único objetivo é chegar à melhor solução possível, no tempo mais curto. Seus membros discutem e decidem questões de maneira mais rápida e completa do que outros grupos e saem de debates acalorados sem ressentimentos nem danos colaterais, mas com ansiedade e disposição para discutir o próximo assunto.

Ironicamente, as equipes evitam conflitos ideológicos para não ferir os sentimentos de seus integrantes, mas acabam estimulando uma perigosa tensão. Quando os membros de uma equipe não debatem nem contestam abertamente ideias importantes, eles acabam gerando ataques pessoais, que são muito mais desagradáveis e prejudiciais do que um debate acalorado sobre os problemas.

Também é irônico que tantas pessoas evitem conflitos em nome da eficiência, pois o conflito saudável é, na verdade, uma maneira de poupar tempo. Aqueles que evitam o conflito acabam condenados a revisitar os mesmos problemas inúmeras vezes, sem encontrar a solução. Eles pedem às pessoas que relatem seus problemas individualmente, o que parece um eufemismo para evitar lidar com um tópico importante, e veem o mesmo assunto ser retomado de novo, na reunião seguinte.

SUGESTÕES PARA ACABAR COM A DISFUNÇÃO Nº 2

Como uma equipe pode desenvolver capacidade e disposição para se envolver em conflitos saudáveis? O primeiro passo é reconhecer que o conflito é algo produtivo e que muitos grupos têm tendência a evitá-lo. Quando alguns integrantes acreditam que a discussão é desnecessária, há pouca chance de que ela ocorra. Mas, além do mero reconhecimento, há alguns métodos simples para tornar os conflitos mais frequentes e produtivos.

Equipes que temem conflitos...
- têm reuniões entediantes
- criam ambientes propícios a politicagens e ataques pessoais
- ignoram questões controversas que são fundamentais para o sucesso da equipe
- não exploram todas as opiniões e perspectivas dos integrantes da equipe
- perdem tempo e energia administrando riscos interpessoais e posturas

> **Equipes que se envolvem em conflitos...**
> - têm reuniões interessantes e vigorosas
> - extraem e exploram as ideias de todos os seus integrantes
> - solucionam problemas com rapidez
> - minimizam as politicagens
> - colocam em pauta questões críticas

Mineradores. Os membros de uma equipe que tende a evitar conflitos devem assumir, vez ou outra, o papel de "mineradores de conflitos" – alguém que faça vir à tona discórdias enterradas e que dê um dado de realidade para os colegas. Essas pessoas precisam ter coragem e confiança para tocar em questões delicadas e forçar os integrantes do grupo a trabalhá-las. Isso exige certo grau de objetividade durante as reuniões e comprometimento de permanecer no conflito até ele ser resolvido. Alguns grupos podem preferir escolher uma pessoa para assumir essa responsabilidade durante determinada reunião ou discussão.

Permissão em tempo real. No processo de buscar conflitos, os membros da equipe precisam estimular uns aos outros a não se retirarem de um debate saudável. Uma maneira simples e eficiente de fazer isso é reconhecer quando as pessoas envolvidas nos conflitos começam a sentir desconforto com o nível da discórdia e lembrá-las de que o que estão fazendo é necessário. Embora pareça simples e paternal, essa ferramenta é extremamente eficaz para diluir a tensão de uma troca difícil, porém produtiva, oferecendo aos participantes a confiança necessária para prosseguir. Uma vez que a discussão ou reunião chegue ao fim, é sempre útil lembrar aos participantes que o conflito no qual estavam envolvidos é bom para a equipe e não algo a ser evitado no futuro.

Outras ferramentas. Como mencionado antes nesta seção, existem várias ferramentas para definir estilos de personalidade e preferências comportamentais que possibilitam que os integrantes da equipe compreendam melhor uns aos outros. Como a maioria delas inclui descrições de como os diferentes tipos lidam com conflitos, elas podem ser úteis para ajudar as pessoas a se prepararem para encarar esses contratempos. Outra ferramenta que se relaciona especificamente com conflitos é o Instrumento de Modalidades de Conflito, de Thomas e Kilmann, mais conhecido como TKI. Ele permite que os membros da equipe entendam as inclinações naturais que cercam o conflito, para que possam fazer escolhas mais estratégicas de maneiras de lidar com as mais diferentes situações.

O PAPEL DO LÍDER

Um dos desafios mais difíceis que um líder enfrenta quando promove conflitos saudáveis é o desejo de proteger os membros da equipe de ofensas. Isso leva a uma interrupção prematura das discussões e impossibilita que as pessoas desenvolvam habilidades para lidar por si sós com os conflitos. Também as deixa ansiosas por resoluções que jamais vão acontecer.

Portanto, é essencial que os líderes demonstrem moderação quando seu pessoal se envolver em conflitos e que permitam que o desfecho ocorra naturalmente, por mais grave que a situação possa parecer. Isso pode ser um desafio, pois muitos líderes pensam que, de alguma forma, estão fracassando quando perdem o controle de seus subordinados diretos durante os conflitos.

Finalmente, por mais banal que possa parecer, é essencial que o líder também seja uma referência de comportamento adequado durante um conflito. Ao evitar discussões que são necessárias e produtivas, o chefe faz com que surja essa disfunção.

CONEXÃO COM A DISFUNÇÃO Nº 3

Como tudo isso se relaciona à próxima disfunção, a falta de comprometimento? Quando os membros de uma equipe promovem conflitos produtivos e levam em consideração as perspectivas e opiniões de cada um, o grupo pode assumir um compromisso com a confiança e acatar uma decisão sabendo que se beneficiou das ideias de todos.

DISFUNÇÃO Nº 3: FALTA DE COMPROMETIMENTO

No contexto de uma equipe, o comprometimento é resultante de duas coisas: clareza e adesão. As melhores equipes tomam decisões claras e oportunas para seguir em frente, e cada um de seus integrantes concorda com elas, até mesmo aqueles que votaram contra. Eles saem das reuniões confiantes em que ninguém na equipe está em dúvida sobre o apoio que todos darão àquilo que foi acordado.

As duas maiores causas de falta de comprometimento são o desejo de consenso e a necessidade de certeza.

Consenso. Membros de grandes equipes entendem o perigo da busca pelo consenso e encontram maneiras de conseguir adesão mesmo quando a unanimidade é impossível. Compreendem que seres humanos sensatos não precisam conseguir o que querem para apoiar uma decisão, mas sim saber que suas opiniões foram ouvidas e levadas em consideração. Em grandes equipes, as ideias de todos são de fato analisadas, o que cria disposição para que os membros acatem qualquer decisão final que seja tomada pelo grupo. E, quando essa conclusão não é possível devido a algum impasse, o líder tem permissão para decidir.

Certeza. Membros de grandes equipes também se orgulham de sua capacidade de acatar uma decisão e de se comprometer com planos de ação claros, mesmo quando há pouca certeza de que a decisão tomada seja a mais correta. Eles também sabem que é melhor tomar uma decisão com coragem, mesmo sendo errada, do que ficar postergando indefinidamente.

Compare isso ao comportamento dos membros de equipes disfuncionais, que tentam fazer apostas seguras e protelam decisões importantes até que tenham dados suficientes para se sentirem seguros de que estão tomando a decisão certa. Por mais prudente que isso pareça, essa atitude é perigosa, pois incentiva a estagnação e a falta de confiança dentro do grupo.

É importante lembrar que o conflito é a base da disposição para que todos se comprometam sem que as pessoas tenham todas as informações necessárias. Em muitos casos, as equipes até possuem todos os dados de que precisam, mas eles estão guardados na mente dos membros do grupo, que não fazem um debate aberto. Somente quando todos tiverem colocado suas opiniões e perspectivas sobre a mesa é que a equipe poderá tomar uma decisão com confiança, sabendo que ela veio através da sabedoria coletiva de todo o grupo.

Independentemente de ter sido causada pela necessidade de consenso ou de certeza, o importante é entendermos que uma das maiores consequências do fato de uma equipe de *executivos* não se comprometer com decisões claras é a criação de discordâncias ainda mais profundas e irremediáveis dentro da empresa. Mais do que qualquer outra disfunção, essa é a que cria um perigoso efeito cascata nos subordinados. Quando alguns executivos de um grupo não aderem a uma decisão, mesmo que as disparidades existentes pareçam pequenas, os funcionários que se reportam a eles irão, inevitavelmente, bater de frente quando tentarem interpretar ordens que não estão claramente alinhadas às dos colegas de outros departamentos. Pequenas lacunas entre os executivos do alto escalão de uma empresa se tornam discrepâncias significativas no instante em que alcançam os subordinados.

Uma equipe que não consegue se comprometer...
- cria ambiguidade entre seus integrantes em relação a direção e prioridades
- vê portas se fecharem devido a análises excessivas e demora desnecessária
- alimenta a falta de confiança e o medo de errar
- revisita discussões e decisões inúmeras vezes
- estimula questionamentos entre seus integrantes

Uma equipe que se compromete...
- gera clareza em relação a direção e prioridades
- alinha todo o grupo em torno de objetivos comuns
- desenvolve a capacidade de aprender através dos erros
- aproveita as oportunidades antes que os competidores façam isso
- segue em frente sem hesitação
- muda de direção sem hesitação ou culpa

SUGESTÕES PARA ACABAR COM A DISFUNÇÃO Nº 3

Como uma equipe pode promover o comprometimento? Tomando atitudes específicas para maximizar a clareza e alcançar a adesão total de seus integrantes, além de resistir ao apelo do consenso e da certeza. Aqui estão algumas ferramentas simples, porém eficientes.

Mensagem em massa. Uma das ferramentas mais valiosas que qualquer equipe pode usar demanda apenas alguns minutos e é absolutamente gratuita. No fim de uma reunião ou de um retiro, o grupo deve rever em detalhes as decisões tomadas durante o encontro e decidir o que deve ou não ser comunicado aos outros funcionários ou pessoas que serão afetadas por elas. O que costuma acontecer durante esse exercício é que membros da equipe entendem que nem todos estão na mesma página sobre o que foi acordado e que precisam esclarecer as possíveis consequências antes de colocar em prática as medidas acordadas. Além disso, fica claro para todos quais decisões devem ser confidenciais e quais devem ser comunicadas, de maneira rápida e abrangente.

Finalmente, ao deixar as reuniões mostrando-se alinhados uns aos outros de forma clara, os líderes enviam uma poderosa e bem-vinda mensagem aos funcionários que se acostumaram a receber informações inconsistentes e até contraditórias de chefes que estiveram na mesma reunião. (Tempo mínimo necessário: 10 minutos.)

Prazos. Por mais simples que pareça, uma das melhores ferramentas para assegurar o comprometimento é estabelecer um prazo claro para que as decisões sejam tomadas e honrar essas datas com disciplina e rigor. O pior inimigo de uma equipe suscetível a essa disfunção é a ambiguidade, e o cronograma é um dos fatores mais críticos a ser esclarecido. Além disso, é importante comprometer-se com prazos para decisões intermediárias e de curto prazo tanto quanto com prazos finais, pois isso assegura que qualquer desalinhamento entre os integrantes da equipe seja identificado e resolvido antes que os custos se tornem altos demais.

Contingência e análise do pior cenário possível. Uma equipe que luta contra a falta de comprometimento pode começar a vencer essa tendência discutindo, breve e previamente, planos de contingência ou, melhor ainda, deixando claro qual seria o pior cenário possível relacionado a uma decisão que estão se esforçando para tomar. Em geral, isso permite que se reduzam os medos através da conscientização de que os custos de uma decisão incorreta são mais contornáveis e menos prejudiciais do que os membros do grupo imaginavam.

Terapia da exposição ao baixo risco. Outro exercício relevante para uma equipe que sofre de fobia de comprometimento é a demonstração da capacidade de tomar decisões em situações de baixo risco. Quando membros de uma equipe se forçam a tomar decisões após discussões substanciais, mas com pouca análise ou pesquisa, em geral eles percebem que a qualidade da decisão tomada foi melhor do que esperavam. Além disso, notam que a conclusão não teria sido muito diferente se a equipe tivesse se envolvido em um estudo longo e demorado. Isso não quer dizer que pesquisas e análises não sejam necessárias ou importantes, mas, sim, que as equipes que têm essa disfunção tendem a dar um valor excessivo a elas.

O PAPEL DO LÍDER

Mais do que qualquer outro membro da equipe, o líder deve se sentir à vontade diante da perspectiva de tomar uma decisão que possa se revelar errada com o passar do tempo. E esse chefe deve sempre estimular o grupo a chegar a conclusões sobre questões, assim como a aderir ao que a equipe tiver decidido. O que o líder não pode fazer é supervalorizar a certeza e o consenso.

CONEXÃO COM A DISFUNÇÃO Nº 4

Como tudo isso se relaciona à próxima disfunção, evitar responsabilizar os outros? Para que possam chamar a atenção uns dos outros por seus comportamentos e atitudes, os colegas de equipe precisam ter uma noção clara do que é esperado deles. Até mesmo o mais fervoroso defensor da cobrança de responsabilidades costuma empacar na hora de cobrar alguém por algo que jamais foi comentado ou deixado suficientemente claro.

DISFUNÇÃO Nº 4: EVITAR RESPONSABILIZAR OS OUTROS

No contexto de uma equipe, *responsabilizar* se refere especificamente à disposição de seus integrantes para chamar a atenção dos colegas quanto ao seu desempenho, ou quando apresentam comportamentos que possam prejudicar o grupo.

A essência dessa disfunção é a falta de disposição dos membros da equipe para tolerar o desconforto interpessoal que acompanha a reclamação, além da tendência geral de evitar conversas difíceis. Os membros das grandes equipes vencem essas inclinações naturais optando por "assumir o risco" uns com os outros.

É claro que é mais fácil falar do que fazer isso, mesmo quando se trata de equipes coesas onde há estreitos relacionamentos pessoais. Na verdade, os integrantes mais próximos uns dos outros costumam hesitar em chamar a atenção de um colega, com medo de prejudicar um vínculo pessoal valioso. Ironicamente, isso só faz com que a relação se deteriore, à medida que começa a surgir o ressentimento mútuo por não se colocarem no nível da expectativa e permitirem, assim, que os padrões do grupo sejam afetados. Os membros das grandes equipes melhoram seus relacionamentos chamando a atenção uns dos outros, demonstrando que se respeitam e que têm grandes expectativas em relação ao desempenho dos colegas.

Por mais politicamente incorreto que possa parecer, o meio mais eficaz de manter altos padrões de desempenho em uma equipe é a pressão entre colegas. Um dos benefícios dessa postura é a redução da necessidade de burocracia excessiva para controle do desempenho e da correção de atitudes. Na hora de motivar as pessoas a melhorar o desempenho, acima de qualquer política ou sistema, não há nada que se compare ao medo de decepcionar colegas respeitados.

SUGESTÕES PARA ACABAR COM A DISFUNÇÃO Nº 4

O que uma equipe deve fazer para assegurar que seus integrantes cobrem responsabilidade uns dos outros? O segredo é usar algumas ferramentas clássicas de administração, que são simples e eficientes.

> **Uma equipe que evita responsabilizar...**
> - cria ressentimento entre os integrantes que possuem diferentes padrões de desempenho
> - estimula a mediocridade
> - perde prazos fundamentais
> - coloca sobre os ombros do líder o fardo injusto de ser a única fonte de disciplina

> **Uma equipe em que todos cobram responsabilidade uns dos outros...**
> - faz com que cada membro que tenha um mau desempenho sinta-se pressionado a melhorar
> - identifica problemas em potencial com rapidez, através do questionamento das abordagens uns dos outros, sem hesitação
> - estabelece o respeito entre todos os integrantes, que devem estabelecer os mesmos altos níveis de desempenho entre si
> - evita a burocracia excessiva em relação ao controle do desempenho e às ações corretivas

Publicação de objetivos e padrões. Uma boa maneira de facilitar que os integrantes de uma equipe chamem a atenção uns aos outros é deixar bem claro a todos o que a equipe deve alcançar, quem tem que fazer o que e como todos devem se comportar para obter sucesso. O inimigo do ato de responsabilizar é a ambiguidade, e, mesmo quando uma equipe já se comprometeu com um plano ou um conjunto de comportamentos padrão, é importante deixar esses acordos explícitos para todos, para que ninguém consiga ignorá-los facilmente.

Revisões de progresso simples e regulares. Um pouco de estrutura é fundamental quando se trata de ajudar as pessoas a tomar atitudes que, de outra forma, não se inclinariam a tomar. Isso é especialmente verdadeiro quando se trata de oferecer a elas uma avaliação de seu comportamento e seu desempenho. Os membros da equipe devem se comunicar uns com os outros com regularidade, seja verbalmente, seja por escrito, sobre como acham que seus colegas estão se saindo em relação a objetivos e padrões estabelecidos. Confiar neles para que façam isso por si mesmos, sem que as expectativas ou a estrutura estejam claras, é criar potencial para evitar responsabilizar os outros.

Recompensas à equipe. Quando você passa a recompensar o desempenho grupal em vez do individual, a equipe cria uma cultura de responsabilizar os outros. Isso se deve ao fato de que uma equipe não tende a ficar calada e fracassar só porque um colega não está se dedicando como deveria.

O PAPEL DO LÍDER

Um dos desafios mais difíceis para um líder que deseja que seus subordinados responsabilizem uns aos outros é ter a capacidade de estimular e permitir que a equipe seja o principal mecanismo para que as pessoas chamem a atenção umas das outras. Algumas vezes, líderes fortes criam naturalmente um vácuo de responsabilização na equipe, deixando que cada um de seus integrantes seja a própria fonte de disciplina. Isso cria um ambiente no qual os membros pressupõem que o líder está atribuindo responsabilidades aos subordinados em particular e, portanto, eles não precisam se manifestar, mesmo que vejam algo errado.

Uma vez que um líder cria em sua equipe uma cultura de responsabilizar os outros, ele precisa estar disposto a servir como árbitro decisivo quando a própria equipe não conseguir fazê-lo. O ideal é que isso raramente aconteça. No entanto, deve ficar claro para todos que o ato de responsabilizar não foi relegado a uma abordagem de consenso, mas apenas que será compartilhado pelo grupo, e que o líder não hesitará em interferir se for necessário.

CONEXÃO COM A DISFUNÇÃO Nº 5

Como tudo isso se relaciona à próxima disfunção, a falta de atenção aos resultados? Se os membros de uma equipe não forem cobrados por suas atribuições, eles ficarão mais propensos a voltar sua atenção para as próprias necessidades e para o próprio sucesso, ou o do próprio departamento. Evitar responsabilizar os outros é um convite para que cada integrante da equipe mude seu foco de atenção para áreas que não abrangem o resultado coletivo.

DISFUNÇÃO Nº 5: FALTA DE ATENÇÃO AOS RESULTADOS

A última disfunção de uma equipe é a tendência que os membros têm de se preocupar com outras coisas que não sejam os objetivos coletivos do grupo. Qualquer equipe que julga a si mesma em relação ao próprio desempenho precisa ter um foco incansável em objetivos específicos e resultados claramente definidos.

Devo ressaltar que os resultados não se limitam a fatores de ordem financeira, como lucro, receita ou retorno aos acionistas. Embora seja inegável que, em um ambiente econômico capitalista, muitas empresas medem o próprio sucesso com base essencialmente nesses fatores, essa disfunção se refere a uma definição muito mais ampla de resultados, baseada em desempenho.

Toda boa empresa especifica o que planeja alcançar em determinado período, e esses objetivos, mais do que o lucro gerado por eles, constituem a grande maioria dos resultados controláveis, de curto prazo. Portanto, embora o lucro seja a medida definitiva dos resultados de uma empresa, os objetivos que os executivos propõem para si mesmos durante o percurso constituem um exemplo mais representativo dos resultados ambicionados pela equipe. Em última análise, esses objetivos conduzem ao lucro.

Mas quais seriam os focos de uma empresa além do lucro? Os principais são o status da equipe e o status individual.

Status da equipe. Para os membros de algumas equipes, o simples fato de fazer parte do grupo é suficiente para mantê-los satisfeitos. Para eles, alcançar determinados resultados pode ser desejável, mas não necessariamente digno de grandes sacrifícios ou inconveniências. Por mais absurdo e perigoso que possa parecer, muitas equipes são vítimas do status. Em geral, essas equipes são de organizações altruístas, sem fins lucrativos, que acreditam que o caráter nobre de sua missão é suficiente para justificar a própria satisfação. Grupos políticos, departamentos acadêmicos e empresas de muito prestígio também são suscetíveis a essa disfunção, uma vez que costumam enxergar o sucesso como algo associado às suas organizações tão *especiais*.

Status individual. Isso se refere à tendência comum dos indivíduos a focar seus esforços no aprimoramento dos próprios cargos ou dos planos de carreira, à custa de suas equipes. Embora todo ser humano tenha tendência inata à autopreservação, uma equipe funcional precisa fazer com que todos os seus integrantes considerem os resultados coletivos mais importantes do que os objetivos individuais.

Por mais clara que seja a necessidade de que essa disfunção não ocorra, é importante observar que muitas equipes simplesmente não focam os resultados. Elas não priorizam atingir objetivos significativos e querem apenas continuar existindo. Infelizmente para esses grupos, não há dose de confiança, conflito, comprometimento ou cobrança de responsabilidade que seja capaz de compensar a falta do desejo de vencer.

SUGESTÕES PARA ACABAR COM A DISFUNÇÃO Nº 5

O que uma equipe pode fazer para assegurar o foco nos resultados? Deixar esses resultados claros e recompensar apenas os comportamentos e as ações que contribuam para o alcance deles.

> **Uma equipe que não foca os resultados...**
> - fica estagnada/não progride
> - raramente supera seus concorrentes
> - perde funcionários voltados para o alcance de objetivos
> - estimula seus membros a se concentrarem nas próprias carreiras e em objetivos individuais
> - perde o foco facilmente

> **Uma equipe que foca os resultados coletivos...**
> - mantém os funcionários que focam resultados
> - minimiza o comportamento individualista
> - fica feliz com o sucesso e sofre profundamente com o fracasso
> - beneficia-se de indivíduos que renunciam aos próprios objetivos/interesses pelo bem da equipe
> - evita distrações

Declaração pública de resultados. Para o treinador de um time de futebol ou de basquete, uma das piores coisas que um jogador pode fazer é garantir publicamente que seu time vencerá um jogo que está prestes a acontecer. No caso de uma equipe esportiva, isso é um problema porque pode provocar o oponente sem necessidade. Entretanto, para a maioria das outras equipes, fazer declarações públicas sobre vitórias almejadas pode ser útil.

As equipes que estão dispostas a se comprometer publicamente com resultados específicos têm mais chances de trabalhar com o máximo afinco para alcançar tais resultados. Equipes que dizem "Faremos o nosso melhor" estão se preparando sutilmente, ou mesmo intencionalmente, para o fracasso.

Recompensas com base em resultados. Uma maneira eficaz de fazer com que todos os membros da equipe concentrem-se nos resultados é associar suas recompensas, principalmente as compensações financeiras, ao alcance de determinados resultados. Depender apenas dessa ferramenta pode ser um problema, pois ela parte do princípio de que a motivação financeira é a única a dirigir o comportamento. Entretanto, permitir que alguém leve para casa um bônus simplesmente por ter se "esforçado bastante", mesmo na ausência de resultado, envia a mensagem de que alcançar esse resultado pode não ser tão importante assim.

O PAPEL DO LÍDER

Talvez mais do que em qualquer outra das cinco disfunções, o líder deve ditar os termos para que seus subordinados foquem os resultados. Se os integrantes de uma equipe sentirem que o líder valoriza qualquer coisa diferente de resultados, eles assumirão essa postura como uma permissão para fazer o mesmo. Os chefes devem ser altruístas e objetivos, reservando as recompensas e o reconhecimento para aqueles que fizerem contribuições verdadeiras para o alcance dos resultados coletivos.

RESUMO

Por mais informações que este livro reúna, a realidade é que o trabalho em equipe se resume, basicamente, à prática de um pequeno conjunto de princípios, por um longo período de tempo. O sucesso não é uma questão de dominar uma teoria sutil e sofisticada, mas sim de abraçar o senso comum com níveis incomuns de disciplina e persistência.

Ironicamente, as equipes obtêm sucesso porque são excessivamente humanas. Ao reconhecer as próprias imperfeições, os membros de uma equipe funcional superam as tendências naturais que fazem com que confiança, conflito, comprometimento, cobrança de responsabilidade e foco nos resultados sejam conjunturas tão difíceis de compreender.

UMA OBSERVAÇÃO SOBRE FREQUÊNCIA: OS MÉTODOS DE KATHRYN

Kathryn entendeu que os membros de uma equipe sólida passam um tempo considerável juntos e que, ao fazer isso, poupam tempo evitando situações confusas e minimizando esforços e comunicações desnecessários. Ao todo, Kathryn e sua equipe dedicaram cerca de oito dias por trimestre a reuniões regularmente planejadas, o que significa menos de três dias por mês. Por mais que isso pareça pouco tempo, a maioria das equipes de executivos ainda se recusa a passar um período tão grande com todos os seus integrantes, preferindo fazer "trabalho de verdade".

Embora haja muitas maneiras diferentes de se conduzir uma equipe de executivos, vale a pena analisar os métodos de Kathryn. A seguir, há uma descrição de como ela liderou seu pessoal após os retiros iniciais de criação da equipe e o significativo investimento de tempo que foi exigido:

Reunião anual de planejamento e retiros de desenvolvimento de liderança (três dias, fora do escritório)

Os tópicos podem incluir discussões sobre orçamento, visão geral sobre planejamento estratégico, treinamento de liderança, planos de sucessão e mensagens em massa.

Reuniões trimestrais de equipe (dois dias, fora do escritório)

Os tópicos podem incluir revisões de objetivos maiores, revisão financeira, discussões estratégicas, debates sobre o desempenho dos funcionários, resoluções sobre questões essenciais, desenvolvimento da equipe e mensagens em massa.

Reuniões de equipe semanais (duas horas, no escritório)
Os tópicos podem incluir revisão de atividades essenciais, revisão do progresso dos objetivos, revisão de vendas, revisão de clientes, resoluções sobre táticas, mensagens em massa.

Reuniões com finalidades determinadas (duas horas, no escritório)
Os tópicos podem incluir assuntos estratégicos que não são discutidos durante as reuniões semanais de equipe.

Um tributo especial ao trabalho em equipe

Quando eu estava perto de finalizar este livro, ocorreram os eventos terríveis de 11 de setembro de 2001. Em meio àquela tragédia assombrosa e diante da extraordinária reação dos Estados Unidos, um exemplo poderoso e inspirador de trabalho em equipe emergiu – um exemplo que precisa ser reconhecido aqui. Os homens e mulheres do corpo de bombeiros, do resgate e da polícia das cidades de Nova York, Washington e Pensilvânia demonstraram que equipes trabalhando em conjunto podem fazer o que meros indivíduos jamais sonhariam.

Em profissões que envolvem serviços de emergência, os membros das equipes vivem e trabalham juntos, desenvolvendo laços de confiança que só se observam em ambientes familiares. Isso permite que eles se envolvam em debates focados, sem papas na língua, sobre o plano de ação mais correto a ser seguido quando cada segundo é precioso. Como resultado, eles são capazes de se comprometer rapidamente com decisões livres de ambiguidades, sob as circunstâncias mais perigosas, em que a maioria dos seres humanos precisaria de muito mais informações antes de agir. E, com tantas coisas em jogo, eles não hesitam em pressionar os colegas e cobrar a execução de suas tarefas, sabendo que a falha de um único integrante pode custar a vida de alguém. E, finalmente, eles só têm um objetivo em mente: proteger a vida e a liberdade de terceiros.

O teste mais importante de uma equipe são os resultados. E, levando-se em consideração que dezenas de milhares de pessoas escaparam da queda das torres do World Trade Center em Nova York e do Pentágono, em Washington, não há dúvida de que aqueles que arriscaram – ou perderam – a própria vida para salvá-las eram realmente extraordinários.

Que Deus os abençoe, assim como a todas as vítimas e aos sobreviventes que eles trabalharam juntos para salvar.

Agradecimentos

Este livro é resultado do esforço de uma equipe, não apenas durante a sua escrita, mas ao longo de toda a minha vida de estudante e minha carreira. Gostaria de agradecer às pessoas que foram fundamentais nesse processo.

Primeiramente, agradeço à chefe de minha primeira equipe, minha mulher, Laura. Por seu amor incondicional e seu inabalável comprometimento comigo e com nossos filhos. Não tenho palavras para descrever à altura o meu reconhecimento. E agradeço a Matthew e Connor, que logo conseguirão ler meus livros, embora, certamente, vão preferir o Dr. Seuss. Vocês me dão uma imensa alegria.

Também ofereço minha mais sincera gratidão à minha equipe no The Table Group, cujas ideias, edição e paixão tornaram possível a existência deste livro. Às críticas adoráveis de Amy e à sua intuição, à diligência extraordinária e interminável de Tracy, ao apoio de Karen, à sabedoria elegante de John, à inteligência otimista de Jeff, à percepção e ao humor de Michele e à autenticidade jovem de Erin. Fico sempre impressionado e comovido diante da profundidade e da qualidade do comprometimento desse grupo. Vocês me ajudaram mais a aprender sobre o verdadeiro trabalho em equipe do que qualquer outro grupo que conheci, e sou grato por isso.

Quero agradecer o apoio e o amor de meus pais. Vocês sempre me deram a segurança emocional que eu precisava para assumir riscos e perseguir meus sonhos. E me deram muitas coisas que vocês mesmos nunca tiveram.

Obrigado ao meu irmão, Vince, por sua paixão, sua intensidade e sua preocupação.

E à minha irmã, Ritamarie, por sua sabedoria, seu amor e sua paciência, que significam mais para mim a cada ano que passa.

E aos inúmeros primos, tias e tios que ganhei por causa do casamento – os Lencionis, os Shanleys, os Fanucchis e os Gilmores. Obrigado por seu interesse e sua bondade, que foram muito importantes para mim, embora eu esteja bem distante de muitos de vocês.

Obrigado a Barry Belli, Will Garner, Jamie e Kim Carlson, os Beans, os Elys e os Patchs por sua amizade em todos esses anos.

Agradeço aos muitos gerentes e mentores que tive ao longo de minha vida profissional. Sally DeStefano, por sua segurança e cortesia; Mark Hoffman e Bob Epstein, pela confiança; Nusheen Hashemi, por seu entusiasmo; Meg Whitman e Ann Colister, por seus conselhos e orientação; e Gary Bolles, por seu estímulo e sua amizade.

Agradeço a Joel Mena, por sua paixão e seu amor; a Rick Robles, por sua orientação e seus ensinamentos; e a tantos outros professores e treinadores que tive em Our Lady of Perpetual Help School, Garces High School e Claremont McKenna College.

Minha gratidão aos muitos clientes com que já trabalhei em todos esses anos, por sua confiança e seu comprometimento em criar uma organização mais saudável.

Gostaria de agradecer, em especial, ao meu agente, Jim Levine, por sua humildade e sua insistência na excelência. E à minha editora, Susan Williams, por seu entusiasmo e sua flexibilidade. Obrigado a todos na Jossey-Bass e na Wiley, pela persistência, pelo apoio e pelo comprometimento.

Finalmente, e certamente o mais importante, agradeço a Deus Pai, Filho e Espírito Santo por tudo o que sou.

Sobre o autor

Patrick Lencioni é fundador e presidente de The Table Group, uma empresa dedicada a oferecer às empresas ideias, produtos e serviços que aprimorem a saúde empresarial, o trabalho em equipe e o engajamento de funcionários. A paixão de Lencioni por organizações e equipes se reflete em seu texto, sua oratória e sua consultoria. Ele é autor de vários best-sellers, que juntos venderam mais de 7 milhões de cópias. Quando Lencioni não está escrevendo, ele dá consultoria a CEOs e suas equipes de executivos, ajudando-os a se tornarem mais coesos dentro do contexto de suas estratégias de negócios. A fama e o reconhecimento dos modelos de liderança de Lencioni criaram uma base de clientes, inclusive várias empresas que já estiveram presentes na lista da *Forbes 500*, organizações profissionais de esporte, o Exército, organizações sem fins lucrativos, universidades e igrejas. Além disso, Lencioni faz palestras para milhares de líderes todos os anos, em organizações de nível mundial, além de conferências nacionais.

Patrick mora na área da baía de São Francisco com sua esposa, Laura, e seus quatro filhos, Matthew, Connor, Casey e Michael.

Para saber mais sobre Patrick e The Table Group, visite www.tablegroup.com.

SE VOCÊ GOSTOU DESTE LIVRO E QUER SE
APROFUNDAR NAS IDEIAS DO AUTOR, CONHEÇA:

A vantagem decisiva

Por que ter uma cultura saudável é o fator mais importante para o sucesso de uma empresa

Este livro é resultado de uma jornada imprevisível, iniciada na minha infância, quando eu tinha 8 ou 9 anos. Meu pai era um vendedor extremamente competente, mas lembro que muitas vezes ele voltava frustrado do trabalho, reclamando da maneira como a empresa estava sendo gerenciada. Eu não tinha a menor ideia do que era gerenciamento, no entanto algo me dizia que não estava certo meu pai sentir essa decepção ao fim de dez horas dedicadas ao serviço.

Alguns anos depois, comecei a trabalhar como ajudante de garçom durante o ensino médio e, em seguida, como caixa de banco, já na faculdade. Foi assim que tive a primeira noção realista sobre administração. Embora ainda não entendesse todas as implicações, ficou claro para mim que algumas coisas que aconteciam na empresa em que eu trabalhava faziam sentido, mas outras não, e que tudo isso tinha um impacto significativo em meus colegas e nos clientes que atendíamos.

Depois de formado, comecei a trabalhar para uma empresa de consultoria de gestão e pensei que finalmente entenderia essa tal história de gerenciamento. Em vez disso, eu me vi fazendo coleta, entrada, análise e uma variedade de outras atividades relacionadas a dados.

Para ser justo, a empresa me ensinou bastante sobre estratégia, finanças e marketing, mas não tanto sobre organizações e a maneira como elas devem ser geridas em sua totalidade. Porém, de algum modo, fiquei convencido de que o maior problema que nossos clientes enfrentavam – e sua maior oportunidade de vantagem competitiva – não estava em algo relacionado a estratégia, finanças ou marketing, mas em tópicos um pouco menos tangíveis e que pareciam girar em torno do modo como a organização era administrada.

Quando sugeri que analisássemos esse aspecto, meus superiores educadamente me informaram que isso não era o que nossa firma fazia, algo irônico, visto que éramos uma empresa de consultoria administrativa. Mas fiquei fascinado pelo assunto e decidi que precisava mudar o foco de minha carreira.

Passei os anos seguintes trabalhando em organizações no ramo de comportamento corporativo, desenvolvimento ou psicologia. Era tudo muito interessante, mas, ao mesmo tempo, insuficiente, fragmentado e acadêmico. Eu ficava incomodado porque sabia que havia algo que precisava ser mais amplamente reconhecido e compreendido. Percebia que alguma coisa estava sendo deixada de lado. Contexto. Integração. Praticidade.

E assim, com um grupo de colegas, abrimos nossa própria empresa e eu comecei a oferecer consultorias e dar palestras sobre uma abordagem prática, visando melhorar as organizações. Tenho de admitir que nos surpreendemos com a rapidez e o entusiasmo dos clientes em responderem à nossa abordagem. Claramente, havia uma carência nesse campo. Com o tempo, ficou evidente que muitas pessoas que trabalhavam em diversos tipos de empresas, em todos os níveis hierárquicos, experimentavam a mesma insatisfação que meu pai sentira e todas estavam ansiosas por encontrar um caminho melhor.

A partir daí, comecei a escrever livros que adotavam uma abordagem prática para os diversos problemas relacionados à disfunção corporativa: trabalho em equipe, reuniões, alinhamento, engajamento dos funcionários. Paralelamente, o departamento de consultoria de minha empresa trabalhava na integração de todos esses tópicos.

A demanda por esses livros e pela abordagem integrada de implantação de nossos conceitos excedeu as expectativas mais uma vez, e comecei a me convencer de que havíamos descoberto o que faltava, a "vantagem" que eu vinha buscando ao longo de minha carreira. Com base no feedback e encorajamento de leitores e clientes, decidi que em algum momento iria reunir todas as ideias dos meus livros e práticas de consultoria. O momento é agora.

Ao contrário de meus outros livros, *A vantagem decisiva* não é uma fábula, mas sim um guia abrangente e prático. Tentei torná-lo envolvente e divertido de ler, usando exemplos do mundo real e histórias de clientes para ilustrar minhas ideias. Vale a pena mencionar que muitos dos conceitos individuais que desenvolvo aqui foram introduzidos ou abordados em uma de minhas oito fábulas sobre negócios – destaco *As obsessões de um executivo extraordinário*; *Os 5 desafios das equipes*; *Silos, Politics, and Turf Wars* (Silos, políticas e disputas de território) e *Nocaute por reunião* –, nas quais uso personagens fictícios e situações inventadas para dar vida às minhas teorias. Aos que quiserem se beneficiar de uma abordagem narrativa para tópicos específicos, faço referências a tais livros sempre que possível.

Como não sou pesquisador quantitativo, as conclusões que relato não estão baseadas em fartas estatísticas ou dados detalhados, mas em minhas observações dos últimos vinte anos como consultor. Mas, como disse Jim Collins, luminar do campo de pesquisas, a pesquisa qualitativa é tão confiável quanto a quantitativa, desde que clientes e leitores atestem sua validade. Fico feliz em dizer que, baseado em minha experiência com executivos e suas organizações, os princípios apresentados neste livro provaram ser ao mesmo tempo confiáveis e simples.

Espero que você aprecie a leitura e, o mais importante, que lhe permita uma transformação em sua organização, seja ela uma corporação, um departamento dentro dessa corporação, um pequeno empreendimento empresarial, uma escola ou igreja. Meu objetivo é que, no futuro, os simples princípios aqui contidos venham a ser uma prática comum e que, consequentemente, vendedores, ajudantes de garçom, caixas de bancos, CEOs e todos os que trabalham em uma organização se tornem mais produtivos, bem-sucedidos e satisfeitos.

Um argumento para a saúde organizacional

A maior vantagem que qualquer empresa pode alcançar é sua saúde organizacional. No entanto, embora seja algo simples, gratuito e acessível, é ignorado pela maioria de seus líderes.

Essa é a premissa deste livro e da minha carreira. Estou absolutamente convencido de que é verdade. Pode até soar absurdo, pois, afinal, por que seres humanos inteligentes ignorariam algo tão poderoso e amplamente acessível?

Respondi a essa pergunta em 28 de julho de 2010.

INCLINANDO-SE À EXCELÊNCIA

Eu participava de uma conferência sobre liderança, organizada por um de meus clientes, e me sentei ao lado do CEO da empresa. Não era uma companhia qualquer. Foi, e ainda é, uma das organizações mais saudáveis que já conheci, uma das empresas americanas de maior sucesso dos últimos cinquenta anos. Em uma indústria atormentada por problemas financeiros, reclamações de clientes e conflitos trabalhistas, essa empresa incrível tem uma longa história de crescimento e sucesso econômico, isso sem mencionar a lealdade apaixonada de sua clientela. Ao mesmo tempo, os funcionários adoram o trabalho, seus clientes e seus líderes. Quando comparada a outras do mesmo setor, a trajetória dessa empresa é quase de tirar o fôlego.

Durante a conferência, ouvindo uma apresentação após outra destacar as notáveis e pouco ortodoxas atividades que tornaram a organização tão saudável, eu me inclinei e perguntei em voz baixa ao CEO: "Por que seus concorrentes não fazem o mesmo?" Depois de alguns segundos, ele sussurrou, quase com tristeza: "Sabe, acredito que eles se consideram acima de tudo isso."
Exatamente!

OS TRÊS PRECONCEITOS

Apesar de seu inegável poder, muitos líderes empresariais relutam em adotar a saúde organizacional (conceito que definiremos em breve) por acreditarem, em seu íntimo, que são sofisticados demais, ocupados demais ou analíticos demais para se importar com o assunto. Em outras palavras, acham que são superiores.

De certa forma, é difícil culpá-los. Depois de anos de cursos sobre fórmulas inovadoras e exercícios específicos, até mesmo os executivos de mente mais aberta passaram a desconfiar de qualquer coisa que pareça sentimental ou piegas. Adicione a isso a noção de que boa parte da cultura corporativa foi reduzida a artefatos superficiais, como, por exemplo, móveis elegantes, aulas de ioga para funcionários ou permissão de trazer seu cão para o escritório.

Não deveríamos nos surpreender pelo fato de que tantos líderes tenham se tornado cínicos e condescendentes em relação à maioria dos assuntos relacionados ao desenvolvimento corporativo.

Isso é uma pena, pois a saúde organizacional é algo diferente. Não tem nada de sentimental, e é maior e mais importante que a mera cultura. Mais do que um acompanhamento ou tempero para o verdadeiro feijão com arroz dos negócios, é *o prato onde se serve o feijão com arroz*. A saúde de uma organização fornece o contexto para estratégia, finanças, marketing, tecnologia e tudo o que acontece dentro de uma empresa, sendo, portanto, o determinante crucial para o sucesso. Mais relevante do que talento. Do que conhecimento. Do que inovação.

No entanto, antes de os líderes poderem tirar proveito do poder da saúde organizacional, eles devem ser humildes o suficiente para superar três preconceitos que os impedem de adotá-la:

- **Preconceito da sofisticação**: a saúde organizacional é tão simples e acessível que muitos líderes empresariais têm dificuldade em reconhecê-la como uma oportunidade real para uma vantagem significativa. Afinal, não requer muita inteligência ou sofisticação, apenas um alto nível de disciplina, coragem, persistência e bom senso. Em uma época em que acreditamos que a diferenciação e o aperfeiçoamento somente podem ser atingidos por meio da complexidade, é difícil para executivos recorrer a algo tão simples e direto.
- **Preconceito da adrenalina**: Para tornar uma empresa saudável é necessário investir certo tempo. Infelizmente, muitos dos líderes com quem trabalhei sofrem de dependência crônica de adrenalina – viciados na correria diária e no contínuo combate a incêndios em suas organizações. É como se tivessem medo de desacelerar e lidar com problemas cruciais, mas que não parecem particularmente urgentes. Por mais simples que possa parecer, isso continua a ser um sério obstáculo para muitas organizações disfuncionais, lideradas por executivos que não entendem o velho ditado dos pilotos de corrida: *você tem que desacelerar para ir depressa*.

- **Preconceito da quantificação:** Por mais poderosos que sejam os benefícios de tornar uma organização saudável, é difícil quantificá-los. A saúde organizacional permeia tantos aspectos distintos de uma empresa que é quase impossível isolar qualquer variável e medir seu exato impacto financeiro. Isso certamente não significa que tal impacto não seja real, tangível e sólido, apenas que requer um nível de convicção e intuição que muitos líderes excessivamente analíticos têm dificuldade em aceitar.

Se a saúde organizacional for adequadamente entendida e colocada no contexto correto, há de suplantar todas as outras disciplinas em negócios como a maior oportunidade para aperfeiçoamento e vantagem competitiva.

Suponho que, mesmo se os líderes pudessem ser suficientemente humildes para superar cada um desses preconceitos, há ainda outra razão que poderia impedi-los de aproveitar o poder da saúde organizacional. Foi exatamente isso que me instigou a escrever este livro: o assunto nunca foi apresentado como uma disciplina simples, integrada e prática.

Estou convencido de que, se a saúde organizacional for adequadamente entendida e colocada no contexto correto, há de suplantar todas as outras disciplinas em negócios como a maior oportunidade para aperfeiçoamento e vantagem competitiva. De verdade!

Então, o que exatamente é saúde organizacional?

Pensei que você nunca ia perguntar.

COMPREENDENDO A SAÚDE ORGANIZACIONAL

Em sua essência, a saúde organizacional trata de integridade. Porém, não na acepção ética ou moral como é definida com frequência hoje em dia. Uma organização tem integridade – é saudável – quando é íntegra, consistente e plena, ou seja, quando seu gerenciamento, suas operações, sua estratégia e cultura estão ajustados entre si.

Se isso soa um pouco vago para você (soaria para mim), pense da seguinte maneira: sempre que apresento a saúde organizacional a um cliente potencial ou a uma sala cheia de executivos, começo comparando-a com algo familiar. Explico que qualquer organização com real ambição de maximizar seu sucesso deverá incorporar duas qualidades básicas: ser inteligente e saudável.

Inteligente versus saudável

Organizações inteligentes são boas nos fundamentos clássicos de negócios – como estratégia, marketing, finanças e tecnologia –, aqueles que considero ciências de decisão.

Quando comecei minha carreira na empresa de consultoria de gestão Bain & Company, fazíamos pesquisas e análises para ajudar os clientes a tomar decisões melhores e mais engenhosas nas áreas mencionadas. Ninguém com experiência nos negócios dirá que tais atividades não são determinantes para o sucesso de uma organização.

Embora a inteligência seja apenas metade da equação, ainda assim ocupa quase todo o tempo, energia e atenção da maioria dos executivos. A outra metade, que é amplamente negligenciada, refere-se a ser saudável.

Uma boa maneira de reconhecer a saúde organizacional é buscar por sinais que a indiquem. Esses sinais incluem um diminuto nível de desorganização e politicagem, um alto grau de moral e produtividade, além de baixíssima rotatividade entre bons funcionários.

Dois requisitos para o sucesso

Inteligência	Saúde
• Estratégia	• Baixa incidência de politicagem
• Marketing	• Baixo nível de desorganização
• Finanças	• Moral elevado
• Tecnologia	• Alta produtividade
	• Baixa rotatividade

Quando listo essas qualidades para os executivos, em geral recebo uma das seguintes reações, ou ambas: por vezes riem baixinho, de um jeito nervoso, quase demonstrando culpa. Ou então suspiram, como pais quando escutam falar sobre uma família em que as crianças fazem imediatamente o que lhes é pedido. Em qualquer um dos cenários, é como se estivessem pensando "Imagina só" ou "Isso não seria ótimo?".

O que acho particularmente surpreendente é que nenhum dos empresários com os quais converso, nem mesmo os mais cínicos, negam que sua empresa seria radicalmente transformada caso conseguissem alcançar as características de uma organização saudável. Eles nunca descartam a prática como bobagem motivacional, reconhecendo, de imediato, uma conexão direta entre a falta de saúde empresarial e o desempenho geral. Portanto, seria natural supor que esses executivos retornassem às suas empresas concentrando grande parte de seu tempo, sua energia e atenção em torná-las mais saudáveis.

Aprendi que mesmo líderes bem-intencionados com frequência voltam ao trabalho e tendem outra vez para o lado "inteligente" da equação, dedicando seu tempo a ajustar os aspectos de marketing, estratégias, finanças e assim por diante. Por que fariam algo tão sem sentido?

Onde a luz é melhor

Uma das melhores explicações para esse estranho fenômeno vem de uma comédia a que assisti na infância. Fazia parte de um antigo episódio de *I Love Lucy*. Ricky, o marido de Lucy, ao chegar em casa depois de um dia de trabalho, encontra sua esposa ajoelhada, rastejando pela sala de estar, e pergunta o que ela está fazendo.

"Estou procurando meus brincos", responde Lucy.

Ricky então pergunta: "Você perdeu seus brincos na sala de estar?"

Ela balança a cabeça.

"Não, eu os perdi no quarto. Mas a luz aqui é muito melhor."

É por aí!

A maioria dos líderes prefere procurar respostas onde a luz é melhor, onde se sentem mais confortáveis. E a luz certamente é melhor no mundo mensurável, objetivo e orientado por dados da inteligência organizacional (o lado "inteligente" da equação) do que no mundo confuso e imprevisível da saúde organizacional.

Estudar planilhas, gráficos de Gantt e demonstrações financeiras é relativamente seguro e previsível, o que a maioria dos executivos prefere. Foram treinados desse modo e assim se sentem confortáveis. O que eles em geral querem evitar a todo custo são conversas subjetivas que podem facilmente vir a se tornar emocionais e constrangedoras. E a saúde organizacional é certamente repleta de potencial para conversas subjetivas e embaraçosas.

É por isso que tantos líderes, mesmo quando reconhecem os aspectos negativos que a politicagem e desorganização estão causando às empresas, continuam usando seu tempo para aprimorar os elementos das disciplinas mais tradicionais. Infelizmente, as oportunidades de melhoria e vantagem competitiva encontradas nessas áreas são, na melhor das hipóteses, suplementares e passageiras. Isso mesmo. As vantagens encontradas nas áreas clássicas de negócios – finanças, marketing, estratégia –, apesar de toda a atenção que recebem, são adicionais e fugazes. Em um mundo de informações onipresentes e trocas tecnológicas que se passam em nanossegundos, torna-se mais difícil do que nunca manter uma vantagem competitiva baseada apenas em inteligência ou conhecimento. As informações trocam de mãos muito rapidamente. As empresas, mesmo indústrias inteiras, conhecem o pico e o vale com mais velocidade do que poderíamos imaginar apenas uma década atrás.

Permissão para participar

Desse modo, a inteligência, por mais imprescindível que seja, tornou-se uma espécie de mercadoria. É simplesmente uma "permissão para participar", um padrão mínimo necessário para estabelecer uma possibilidade de sucesso. Decerto não é suficiente para alcançar uma vantagem competitiva significativa e sustentável durante qualquer período de tempo.

Estou convencido de que a diferença seminal entre as companhias bem-sucedidas e as malsucedidas pouco ou nada tem a ver com o conhecimento de seus executivos ou sua inteligência, mas sim com a saúde dessas empresas.

Na verdade, devo dizer que a falta de inteligência, domínio ou conhecimento do setor quase nunca é o problema que observo nas organizações. Ao longo de vinte anos de consultoria a clientes em praticamente todos os setores, ainda não encontrei um único grupo de líderes que me fez pensar: "Essas pessoas simplesmente não sabem o suficiente sobre seus negócios para serem bem-sucedidas." Grande parte das organizações atualmente tem mais do que a inteligência, experiência e conhecimento necessários para chegar ao sucesso. O que falta é saúde organizacional.

Esse ponto merece ser reafirmado.

Depois de duas décadas trabalhando com CEOs, bem como com suas equipes de executivos, estou convencido de que a diferença seminal entre as companhias bem-sucedidas e as malsucedidas pouco ou nada tem a ver com o conhecimento de seus executivos ou sua inteligência, mas sim com a saúde dessas empresas.

Se você estiver tentado a ignorar tal ideia, considere o seguinte: embora eu já tenha mencionado que ainda não conheci um grupo de líderes sem conhecimento, experiência ou inteligência para obter sucesso, o fato é que conheci muitos que me fizeram pensar: "A cultura interna desta equipe na organização é tóxica demais para sustentar um negócio bem-sucedido." Tenho visto diversas empresas inteligentes encontrarem uma maneira de fracassar, apesar de seus consideráveis ativos intelectuais e estratégicos.

Mais uma vez, isso não quer dizer que ser inteligente não é importante. Claro que é. Porém, se alguém me pressionar para obter uma resposta sobre qual das características de uma organização – inteligência ou saúde – deveria ser prioritária, eu afirmaria, sem hesitação, que a saúde está claramente no topo da lista.

A saúde gera e supera a inteligência

Uma organização saudável inevitavelmente ficará mais inteligente com o tempo. Isso ocorre porque as pessoas em uma empresa saudável, começando pelos líderes, aprendem umas com as outras, identificam problemas críticos e se recuperam de seus erros com agilidade. Sem politicagem e desorganização, elas passam por problemas e se concentram em soluções com muito mais rapidez do que seus rivais disfuncionais. Além disso, criam ambientes nos quais os outros funcionários se sentem confortáveis para fazer o mesmo.

Em contrapartida, as organizações inteligentes não têm mais chances de se tornarem mais saudáveis em virtude de sua inteligência. Na verdade, acontece o contrário: líderes que se orgulham de sua experiência e inteligência muitas vezes têm dificuldade em reconhecer suas falhas e aprender com colegas. Não são abertos e transparentes, atrasando a reparação de erros tardia e estimulando a politicagem e a desordem. Isso não quer dizer que a inteligência não seja desejável, mas que não necessariamente ela oferece vantagens inerentes para que as empresas se tornem saudáveis.

O mesmo fenômeno pode ser observado em famílias. Famílias saudáveis, aquelas em que os pais provêm disciplina, afeto e dedicam tempo aos filhos, quase sempre melhoram ao longo dos anos, mesmo quando carecem das vantagens e recursos que o dinheiro oferece. Famílias doentias, aquelas sem disciplina e amor incondicional, sempre brigam, mesmo que tenham muito dinheiro, acompanhamento, psicólogos e tecnologia.

O principal ingrediente para melhoria e sucesso não é o acesso ao conhecimento ou recursos, apesar de sua inegável utilidade. O ingrediente está definitivamente ligado à saúde do sistema. Considere o seguinte: se tivesse que escolher entre dois jovens para apostar em seu futuro, sendo um deles criado por pais amorosos em um lar sólido e o outro vindo de uma família apática e disfuncional, você escolheria o primeiro, independentemente dos recursos que o cercam. Bem, o mesmo acontece no mundo empresarial.

CONHEÇA OS LIVROS DE PATRICK LENCIONI

Os 5 desafios das equipes

A vantagem decisiva

As 3 virtudes essenciais para trabalhar em equipe

Os 6 tipos de talento profissional

O espírito da liderança

CONHEÇA ALGUNS DESTAQUES DE NOSSO CATÁLOGO

- Augusto Cury: Você é insubstituível (2,8 milhões de livros vendidos), Nunca desista de seus sonhos (2,7 milhões de livros vendidos) e O médico da emoção

- Dale Carnegie: Como fazer amigos e influenciar pessoas (16 milhões de livros vendidos) e Como evitar preocupações e começar a viver

- Brené Brown: A coragem de ser imperfeito – Como aceitar a própria vulnerabilidade e vencer a vergonha (600 mil livros vendidos)

- T. Harv Eker: Os segredos da mente milionária (2 milhões de livros vendidos)

- Gustavo Cerbasi: Casais inteligentes enriquecem juntos (1,2 milhão de livros vendidos) e Como organizar sua vida financeira

- Greg McKeown: Essencialismo – A disciplinada busca por menos (400 mil livros vendidos) e Sem esforço – Torne mais fácil o que é mais importante

- Haemin Sunim: As coisas que você só vê quando desacelera (450 mil livros vendidos) e Amor pelas coisas imperfeitas

- Ana Claudia Quintana Arantes: A morte é um dia que vale a pena viver (400 mil livros vendidos) e Pra vida toda valer a pena viver

- Ichiro Kishimi e Fumitake Koga: A coragem de não agradar – Como se libertar da opinião dos outros (200 mil livros vendidos)

- Simon Sinek: Comece pelo porquê (200 mil livros vendidos) e O jogo infinito

- Robert B. Cialdini: As armas da persuasão (350 mil livros vendidos)

- Eckhart Tolle: O poder do agora (1,2 milhão de livros vendidos)

- Edith Eva Eger: A bailarina de Auschwitz (600 mil livros vendidos)

- Cristina Núñez Pereira e Rafael R. Valcárcel: Emocionário – Um guia lúdico para lidar com as emoções (800 mil livros vendidos)

- Nizan Guanaes e Arthur Guerra: Você aguenta ser feliz? – Como cuidar da saúde mental e física para ter qualidade de vida

- Suhas Kshirsagar: Mude seus horários, mude sua vida – Como usar o relógio biológico para perder peso, reduzir o estresse e ter mais saúde e energia

sextante.com.br